الانجليزية الميسرة
بالكاسيت

كتاب مصمّم للاستعمال مع أشرطة خـــاصّة

اشرف عليه : الدكتور مولدي الحديجي ،
جامعة جورجتاون ، واشنطن
السيد زياد ابوعمرو
جامعة جورجتاون ، واشنطن
تصوير : شارلز منداز

الطبعة الاولى ١٩٨٣

حقوق الطبع © ١٩٨٣ لِ
جميع الحقوق محفوظة للناشر :

Practical English for Arabic Speakers

Copyright © 1983 by Educational Services Corporation.

Printed by Jeffrey Norton Publishers, Inc. with the permission of Educational Services Corporation. Printed in the USA.

Audio-Forum, a division of
Jeffrey Norton Publishers, Inc.
On-The-Green, Guilford, CT 06437.
ISBN 0-88432-740-X

الاصوات على الشريط لـِ :

David Lerbs   David Bloch
Margaret Morrison   James Long, III
Christopher Clark   Wendy Simmons
Tina Clark

الفـــهرس

مقـــدمـــة

عزيزي الطالب

نهنئك على القرار الهام الذي اتخذته لتعلّم اللغة الانجليزية بدون معلم . لقد اكتسبت اللغة الانجليزية اليوم ، كما تعلم ، ضرورة واهمية في كل انحاء العالم ، من حيث ان معرفتها تتيح لك فرصا عديدة في الميادين التجارية والاجتماعية والسياحية .

ان كتاب «الانجليزية الميسرة» أعدّ خصيصا لمن يرغب في بدء دراسة الانجليزية او تحسين معرفته بها . وقد أعدّت مادة هذا الكتاب بعناية فائقة مماثلة للعناية التي اختيرت بها مواضيع المحادثة اليومية المبنية على خبرة ٣٢ عاما في ميدان تعليم اللغات بالوسائل السمعية البصرية التي تضمن لك تعلم اللغة الانجليزية بطريقة فعالة وصحيحة .

ينقسم هذا الكتاب الى ٢٠ درسا تقدّم بصيغة واحدة حيث يتمّ عرض الحوار متبوعا بتمارين للاعادة ومحادثة . وفي هذه الدروس سوف تتعلّم كيف تستعمل اللغة والقواعد استعمالا صحيحا ، وستتمكن من إغناء مفرداتك وتحسين لفظك من خلال الاستماع الى سبعة اشخاص لغتهم الأم هي الانجليزية .

ولتبسيط الدراسة قدمت المادة بشكل تدريجي : ففي الدروس الاولى قدمت المادة الاساسية السهلة مثل تركيب الاسئلة البسيطة واعطاء الوقت ، وفي الدروس التالية يتم معالجة مواضيع عملية واكثر صعوبة كركوب الباص والذهاب الى الطبيب . وبما ان كتابك يحتوي على النص الاساسي باللغتين الانجليزية والعربية في كل الدروس ، فسوف يتيسّر لك دائما معرفة معنى ما تدرسه ولن تضل الطريق .

ولتحقيق الفائدة القصوى من هذا الكتاب فإنك بحاجة الى آلة تسجيل صغيرة لتحويل منزلك الى مختبر لغة خاص بك ، ولتحقيق هذا النوع من الفائدة نرجو منك ان تتفضل بقراءة ما يلي :

كيف تحقق الفائدة القصوى من
كتاب «الانجليزية الميسرة»

قبل الاستماع الى الشريط اسمح لنا بتقديم الاقتراحات المفيدة التالية :

١ ـــ بعد مقدمة وجيزة من قبل الدكتور مولدتي الحديجي ، أحد المشرفين على اعداد هذا الكتاب ، سوف تستمع الى قارىء أمريكي يقرأ جملة باللغة الانجليزية . يجب عليك عندئذ اتباع ما يقرؤه القارئ ، جملةً جملة في الكتاب ، وأثناء توقفه أعد بصوت عال وكرّر كل جملة يقرؤها .

٢ ـــ تأكد من اعادة كل جملة بصوت عال حتى تضمن رسوخها في ذاكرتك ولا تكتف بمجرد الاستماع ، فقد برَهنت التجربة ان اعادة الكلمة بصوت عال من ١٠ الى ٢٠ مرة هي طريقة افضل للحفظ من قراءة تلك الكلمة قراءة صامتة من ٥٠ الى ١٠٠ مرة . وعند قراءة الكلمة والاستماع اليها ولفظها ، كما هو مطلوب منك في هذا الكتاب ، سوف تتمكن من اكتساب مفردات انجليزية جديدة بسهولة تامة .

٣ ـــ اكثر من استعمال اللغة الانجليزية المستعملة بقدرما تستطيع ، لان التكرار سيساعد ذاكرتك على الحفظ التلقائي ، بسرعة ، و بذلك تتعود على الاصوات والايقاعات الخاصة باللغة الانجليزية .

٤ ـــ واظب على ممارسة اللغة مع اصدقائك ومعارفك . فاستعمال اللغة من قبل مجموعة صغيرة يغني نوعية خبراتهم التعليمية المكتسبة .

٥ ـــ تعود على استعمال الكتاب والشريط معا كلّما أمكن ذلك ، فان الصورة الموجودة في الكتاب توفّر لك وسائل الايضاح البصرية التي تسهل عليك تعلم اللغة . ومن الواضح انه بالامكان استعمال الاشرطة بفعالية (لمن يرغب في الاستماع اليها اثناء قيادة السيارة) وذلك دون الرجوع الى الكتاب .

٦ ـــ تعوّد على الرجوع الى القسم الخاص بالقواعد ، لان ذلك يساعدك على تحسين قدرتك على الكتابة والمحادثة باللغة الانجليزية .

٧ ـــ استعمل الاشرطة للتمرين على الاملاء وكتابة الكلمات بطريقة صحيحة .

ملاحظـــة للمـــدرسين

يمكن استخدام هذا الكتاب «الانجليزية الميسرة» في الصفوف لعرض الاصوات الاصلية للغة الانجليزية المستعملة في امريكا الشمالية . فالكتاب يمكن ان يكون اداة مكملة ممتازة للتعليم الذي يجري في الصفوف المدرسية .

الدرس الأول

Dialogue

حـــوار

A: Good morning, Miss Taylor.
   How are you?

صباح الخير يا آنسة تايلر .
كيف حالك ؟

B: I'm fine, thank you.
   How are you, Mr. Smith?

طيبة ، شكرا .
كيف حالك يا سيد سميث

A: I'm fine thank you.

بخير ، شكرا .

Repetition Drill

تمرين للاعادة

A. This is a man.

هذا رجل

This is a woman.

هذه امرأة

This is a book. هذا كتاب

This is an eraser. هذه ممسحة

This is a window. هذا شباك

That is a desk.  هذا مكتب

B. Is this a map?  هل هذه خريطة ؟

Yes it is. نعم

Is that a boy?  هل ذلك ولد ؟

No it isn't. لا

It's a car. تلك سيارة

Is that a man?  هل ذلك رجل ؟

Yes it is. نعم

2

Is that a girl? هل تلك بنت ؟

No it isn't. لا

It's a bus. ذلك باص

Is that a house? هل ذلك بيت ؟

Yes it is. نعم

C. These are clocks. هذه ساعات حائط

Those are pens. تلك أقلام حبر

These are chairs. هذه كراس

Those are windows. تلك شبابيك

These are pencils. هذه أقلام رصاص

Those are doors. تلك أبواب

الدرس الثاني

Dialogue	<div dir="rtl">حوار</div>

A. Miss Taylor, this is Mrs. Davis.	<div dir="rtl">يا آنسة تايلر . هذه السيدة دايفس</div>
B. How do you do, Miss Taylor?	<div dir="rtl">اهلا وسهلا يا آنسة تايلر</div>
C. How do you do, Mrs. Davis?	<div dir="rtl">اهلا بك يا سيدة دايفس</div>

Repetition Drill	<div dir="rtl">تمرين للاعادة</div>

A. 1. What's this?	<div dir="rtl">ما هذا ؟</div>
It's a pencil.	<div dir="rtl">هذا قلم رصاص</div>
The pencil is long.	<div dir="rtl">القلم طويل</div>
It's a long pencil.	<div dir="rtl">هو قلم طويل</div>

2. **What's that?** ما تلك ؟

   It's a table. تلك طاولة

   The table is small. الطاولة صغيرة

   It is a small table. هي طاولة صغيرة

3. **What's this?** ما هذا ؟

   It's a book. هذا كتاب

   The book is new. الكتاب جديد

   It's a new book. هو كتاب جديد

4. **What's that?** ما ذلك ؟

   It is a building. ذلك بناء

   The building is tall. البناء عال

   It's a tall building. هو بناء عال

B. 1. **What are these?** ما هذه ؟

   They are desks. هذه مكاتب

   The desks are small. المكاتب صغيرة

   They are small desks. هي مكاتب صغيرة

2. What are those? ما تلك ؟

They are chairs. تلك كراس .

They are old chairs. هي كراس قديمة .

3. What are these? ما هذه ؟

They are books. هذه كتب .

The books are interesting. الكتب شيّقة .

4. What are those? ما تلك ؟

They are pencils. تلك أقلام .

The pencils are sharp. الأقلام مبريّة .

They are sharp pencils. هي أقلام مبرية .

Conversation محادثة

1. A: Is this a book? هل هذا كتاب ؟

B: No, it isn't. لا .

A: What is it? ما هو؟

B: It's a notebook. هو دفتر .

2.   A: Are these doors?   هل هذه أبواب ؟

      B: No, they aren't.   لا .

      A: What are they?   ما هي ؟

      B: They are windows.   هي شبابيك .

3.   A: What's this?   ما هذه ؟

      B: It's a table.   هذه طاولة .

      A: What are these?   ما هذه ؟

      B: They are tables.   هذه طاولات .

Singular and Plural Nouns.

الاسماء المفردة
والاسماء الجمع

book	books	كتاب	كتب
desk	desks	مكتب	مكاتب
girl	girls	بنت	بنات
pen	pens	قلم	اقلام
store	stores	دكان	دكاكين
shoe	shoes	حذاء	احذية
class	classes	صف	صفوف
house	houses	بيت	بيوت

Numbers

1, 2, 3, 4, 5, 6, 7, 8, 9,
10, 11, 12, 13, 14, 15,
16, 17, 18, 19, 20.

الاعداد

١ ــ ٢ ــ ٣ ــ ٤ ــ ٥ ــ ٦ ــ ٧ ــ ٨ ــ ٩

ــ ١٠ ــ ١١ ــ ١٢ ــ ١٣ ــ ١٤ ــ ١٥ ــ

١٦ ــ ١٧ ــ ١٨ ــ ١٩ ــ ٢٠

الدرس الثالث

Dialogue حوار

A: Goodbye, Mr. Smith. مع السلامة يا سيد سميث

B: Goodbye, Mr. Wilson. مع السلامة يا سيد ولسن

I'll see you later. الى اللقاء

A: Yes, I'll see you later. الى اللقاء

Repetition Drill تمرين للاعادة

A. 1. Who are you? من أنتِ ؟

I am Miss Davis. انا الآنسة دايفس

I am a busy nurse. انا ممرضة مشغولة

2. Who is she?

من هي ؟

She is Jane.

هي جاين .

She is a pretty clerk.

هي كاتبة جميلة .

3. Who are they?

من هما ؟

They are Doctor Smith
and Doctor Adams.

هما الدكتور سميث
والدكتور آدمز .

They are excellent doctors.

هما طبيبان ممتازان .

4. Who am I?

من أنا ؟

You are Jack.

انت جاك .

You are a good student.

انت طالب جيّد .

5. **Who are we?**   من نحن ؟

    You are Peter and Mary.   انتما بيتر وماري .

    You are intelligent students.   انتما طالبان ذكيّان .

B. **1.** **Where is she?**   اين هي ؟

    She is in the classroom.   هي في الصف .

    She's an English teacher.   هي مدرّسة للغة الانجليزية .

2. **Where are you?** — اين انتم ؟

We are in the hospital. — نحن في المستشفى .

We're very sick patients. — نحن مرضى جدا .

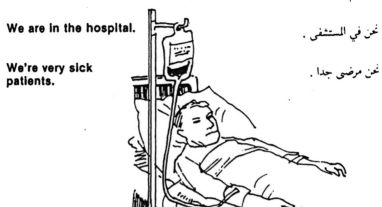

3. **Where are we?** — اين نحن ؟

You are at the hospital. — انتما في المستشفى .

You're attentive nurses. — انتما ممرضتان يقظتان .

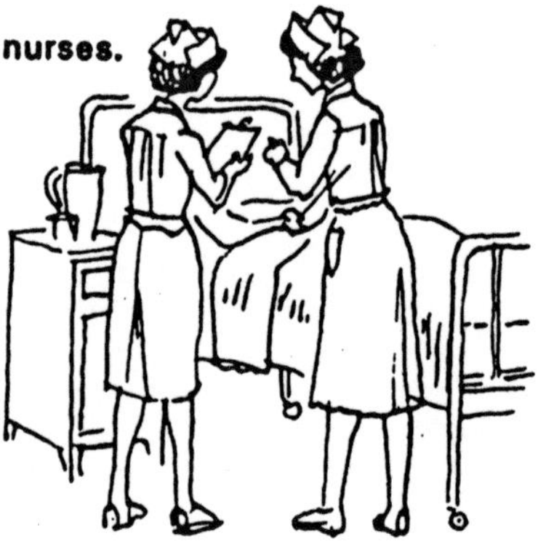

4. **Where are the chairs?** — اين الكرسيان ؟

They are on the floor. — هما على الأرض .

They're new chairs. — هما كرسيان جديدان .

5. Where is the map?

اين الخريطة ؟

It is on the wall.

هي على الحائط .

It's a big map.

هي خريطة كبيرة .

C.

1. What are you?

ما أنتِ ؟

I'm a housewife.

انا ربّة بيت .

2. What are they?

ما هما ؟

They are lawyers.

هما محاميان .

3. What is he?

ما هو ؟

He's a dentist.

هو طبيب أسنان .

4. What am I?

ما أنا ؟

You're a secretary.

أنت سكرتيرة .

5. What are we?
   You're busdrivers.

ما نحن ؟
انتم سائقو باصات .

D.

I am a doctor.	I'm a doctor.	انا طبيب .
You are a teacher.	You're a teacher.	انت استاذ .
He is a student.	He's a student.	هو طالب .
We are nurses.	We're nurses.	نحن ممرّضات .
You are women.	You're women.	انتن نساء .
They are men.	They're men.	هم رجال .

Conversation

محادثة

1. A: Who are you?

من انتِ ؟

   B: I'm Mary Smith.

انا ماري سميث .

   A: What are you?

ما أنت ؟

B: I'm a nurse.	انا ممرّضة .
A: Where are you?	اين أنت ؟
B: I'm in a hospital.	انا في المستشفى .
2. A: Who are you?	من انتِ ؟
B: I'm Mary.	انا ماري .
She's Jane.	هي جاين .
A: What are you?	ما انتِ ؟
B: I'm a secretary.	انا سكرتيرة .
She's the boss.	هي المديرة .
A: Where are you?	اين انتم ؟
B: We're in an office.	نحن في مكتب .

Numbers
الاعداد

21, 22, 23, 24, 25, 26, 27, 28, 29, 30.

٢١ ، ٢٢ ، ٢٣ ، ٢٤ ، ٢٥ ، ٢٦ ، ٢٧ ، ٢٨ ، ٢٩ ، ٣٠

الدرس الرابع

Dialogue | حوار

A. Good afternoon, Mrs. Wilson. — مساء الخير يا سيدة ولسن .

B: Good afternoon, Mr. Drake. — مساء الخير يا سيد درايك .

A: Is Mr. Wilson at home? — هل السيد ولسن في البيت ؟

B: Yes. Come in. — نعم . تفضل .

Repetition Drill | تمرين للاعادة

A. 1. This is the Drake family: — هذه عائلة درايك .

Mr. Drake, Mrs. Drake, Bobby Drake and Betsy Drake.	السيد درايك والسيدة درايك ، بابي درايك و بتسي درايك .
They are our relatives.	هم اقرباؤنا .
2. This is Mrs. Drake.	هذه هي السيدة درايك .
She is Mr. Drake's wife.	هي زوجة السيد درايك .
She is his wife.	هي زوجته .
3. That is Betsy Drake.	تلك بتسي درايك .
She is Mrs. Drake's daughter.	هي ابنة السيدة درايك .
She is her daughter.	هي ابنتها .
4. This boy is Bobby Drake.	هذا الولد هو بابي درايك .
He is Betsy's brother.	هو اخو بتسي .
He is her brother.	هو أخوها .
5. That is a dog.	ذلك كلب .
It's the Drakes' dog.	هو كلب عائلة درايك .
It is their dog.	هو كلبهم .

B. 1. Whose husband is Mr. Drake?	السيد درايك زوج من ؟
He is Mrs. Drake's husband.	هو زوج السيدة درايك .
He is her husband.	هو زوجها .

	Whose children are Betsy and Bobby?	بتسي و بابي طفلا من ؟
	They are the Drake's children.	هما طفلا السيد والسيدة درايك .
	They are their children.	هما طفلاهما .
3.	Whose dog is it?	كلب من هو؟
	It is your dog.	هو كلبك .
	It is yours.	هو لك .
4.	Whose sister is Betsy?	أخت من بتسي ؟
	She is Bobby's sister.	هي اخت بابي .
	She is his sister.	هي أخته .
5.	Whose teacher is Miss Davis?	معلمة مَنْ الآنسة دايفس ؟
	She is my teacher.	هي معلمتي .
6.	Whose brother is Bobby?	أخو من بابي ؟
	He is Betsy's brother.	هو أخو بتسي .
	He is her brother.	هو أخوها .

C. 1. Am I Betsy's brother?	هل أنا اخو بتسي ؟
No, you aren't her brother.	لا ــ لست أخاها .
You are my brother.	أنت أخي .
2. Are you Mr. Drake's children?	هل انتما طفلا السيد درايك ؟
No, we aren't his children.	لا ــ لسنا طفليه .
We are your children.	نحن طفلاك .
3. Is it my dog?	هل هو كلبي ؟
No, it isn't your dog.	لا ــ ليس كلبك .
It's ours.	هو كلبنا .
4. Are they Miss Taylor's students?	هل هم تلاميذ الآنسة تايلر ؟
Yes, they are her students.	نعم هم تلاميذها .
5. Are you Bobby's parents?	هل انتما والدا بابي ؟
Yes, we are his parents.	نعم ، نحن والداه .
6. Is she your teacher?	هل هي معلمتك ؟
No, she isn't my teacher.	لا . ليست معلمتي .
She's their teacher.	هي معلمتهم .

الدرس الخامس

Dialogue

حوار

A: What's your name?

ما اسمك ؟

B: My name is John Smith.

اسمي جان سميث .

A: How old are you?

كم عمرك ؟

B: I'm seventeen years old.

عمري سبعة عشر عاما .

Repetition Drill

تمرين للاعادة

A. 1. A: This man is John's uncle.

هذا الرجل هو عمّ جان

B: How old is he?

كم عمره ؟

A: He is forty-five years old.

عمره ٤٥ عاما .

2. A: These women are
       Joan's aunts.

    B: How old are they?

    A: They're forty.

          هؤلاء النساء هن عمّات (أو خالات) جون .

          كم أعمارهن ؟

          ٤٠ عاما .

3. A: He is Tom's grand-
       father.

    B: How old is he?

    A: He is sixty-five
       years old.

          هو جدّ طام .

          كم عمره ؟

          عمره ٦٥ عاما .

4. A: I'm Gloria.

    B: How old are you?

    A: I'm twelve.

          أنا جلوريا .

          كم عمرك ؟

          عمري ١٢ عاما .

B. 1. A: Which man is
          twenty-three years
          old?

       B: The man in the blue
          suit is.

          اي رجل عمره ٢٣ عاما ؟

          الرجل الذي يلبس البدلة السوداء .

  2. A: Which women are
          forty-years old?

       B: The women with the
          black hair are.

          اي النساء في الخامسة والاربعين
          من اعمارهن ؟

          النساء ذوات الشعر الأسود .

  3. A: Which book is new?

       B: The red book on the
          table is.

          اي كتاب جديد ؟

          الكتاب الأحمر الموجود
          على الطاولة .

4. A: Which car is expensive? — اي سيارة غالية ؟

B: The big car in the garage is. — السيارة الكبيرة الموجودة في الكراج .

5. A: Which nephew is eight years old? — اي ابن أخ عمره ٨ سنوات ؟

B: The blond boy near the window is. — الولد الاشقر القريب من الشباك .

6. A: Which house is the Drakes'? — اي بيت لعائلة درايك ؟

B: The white house on the corner is. — البيت الأبيض الموجود على الزاوية .

Conversation — محادثة

1. A: Mary is my cousin — ماري هي ابنة عمّي (او ابنة خالي أو ابنة عمّتي أو ابنة خالتي)

B: What color are her eyes? — ما لون عينيها ؟

A: They're blue. — هما زرقاوان .

B: What color is her hair? — ما لون شعرها ؟

A: It's blond. — أشقر .

B: Is she tall? — هل هي طويلة ؟

A: No, she's short. — لا . هي قصيرة .

2. A: Is she your aunt? — هل هي عمّتك (أو خالتك) ؟

B: No, she isn't. She's my grandmother.

لا ، هي جدتي .

A: What color is her blouse?

ما لون بلوزتها ؟

B: It's blue.

هي زرقاء .

3. A: Who is that handsome boy?

من هو ذلك الولد الأنيق ؟

B: He's our nephew.

هو ابن أخينا (أو ابن أختنا) .

A: What color are his eyes?

ما لون عينيه ؟

B: They're brown.

لونهما بنّي .

Numbers

الاعداد

13, 30, 14, 40, 15, 50, 16,
60, 17, 70, 18, 80, 19, 90

١٣ ، ٣٠ ، ١٤ ، ٤٠ ، ١٥ ، ٥٠ ، ١٦ ،
٦٠ ، ١٧ ، ٧٠ ، ١٨ ، ٨٠ ، ١٩ ، ٩٠

الدرس السادس

Dialogue — حوار

A: Where are you from? — من أين أنت ؟

B: I am from Egypt. — انا من مصر .

A: Where is the teacher from? — من أين المعلمة ؟

B: She's from the United States. — هي من الولايات المتحدة .

Repetition Drill — تمرين للاعادة

A. 1. Miss Taylor is teaching English. — الآنسة تايلر تعلّم الانجليزية .

2. She is standing.   هي واقفة .

3. The students are listening.   الطلاب يستمعون .

4. They are learning English.   هم يتعلمون الانجليزية .

5. I am writing in my notebook.   اكتب في دفتري .

6. You are looking at the teacher.   انت تنظر الى المعلمة .

7. We are sitting.   نحن جالسون .

8. Peter is asking a question.   بيتر يسأل سؤالا .

9. The teacher is answering.   المعلمة تجيب .

10. The students are speaking English.   التلاميذ يتكلمون الانجليزية .

B. 1. Is Miss Taylor teaching?   هل الآنسة تايلر تدرّس ؟

    Yes, she is.   نعم ، هي تدرّس .

2. Are the students standing?   هل الطلاب واقفون ؟

    No, they aren't.   لا .

3. Is he writing in his notebook?   هل يكتب في دفتره ؟

    Yes, he is.   نعم .

4. Am I learning English?	هل أتعلّم الانجليزية ؟
Yes, you are.	نعم .
5. Are we listening?	هل نحن نستمع ؟
Yes, we are.	نعم .
6. Are the students explaining the lesson?	هل يشرح التلاميذ الدرس ؟
No, they aren't.	لا .
7. Are you answering the question?	هل تجيب على السؤال ؟
No, I'm not.	لا .
8. Is Peter asking a question?	هل يسأل بيتر سؤالا ؟
No, he isn't.	لا .
9. Is the teacher looking at the students?	هل تنظر المعلمة الى التلاميذ ؟
Yes, she is.	نعم .
10. Are the students speaking English?	هل يتكلم التلاميذ الانجليزية ؟
Yes, they are.	نعم .

C. 1. A: What is Miss Taylor doing?	ماذا تفعل الآنسة تايلر ؟
B: She is writing English.	هي تكتب الانجليزية .

2. A: Where is Peter writing? — اين يكتب بيتر ؟

B: He is writing in his notebook. — يكتب في دفتره .

3. A: What is Miss Taylor answering? — علام تجيب الآنسة تايلر ؟

B: She is answering a question. — هي تجيب على سؤال .

4. A: What am I learning? — ماذا أتعلّم ؟

B: You are learning English. — انت تتعلّم الانجليزية .

5. A: What are the students doing? — ماذا يفعل التلاميذ ؟

B: They are listening to the teacher. — هم يستمعون للمعلّم .

6. A: Where are we sitting? — اين نحن جالسون ؟

B: You are sitting in your desks. — انتم جالسون على مقاعدكم .

7. A: Where is the teacher standing? — اين المعلمة واقفة ؟

B: She is standing near the blackboard. — هي واقفة بجانب اللوح .

Conversation

محادثة

A:	This is an English class.	هذا صف للّغة الانجليزية .
	Mr. Smith is the teacher.	السيد سميث هو المدرّس .
B:	What is he teaching?	ماذا يدرّس ؟
A:	He is teaching English.	يدرّس الانجليزية .
	The students are listening.	التلاميذ يستمعون .
B:	Where are the teacher's books?	اين كتب المدرّس ؟
A:	They are on his desk.	هي على مكتبه .
B:	Who are the people in the picture?	من الناس الذين في الصورة ؟
A:	They are Mr. Smith's students.	هم تلاميذ السيد سميث .
B:	Who is the student near the map?	من التلميذ القريب من الخريطة ؟
A:	That is Harry Brown.	هو هاري براون .

B: What's he doing?	ماذا يفعل ؟
A: He is learning English.	هو يتعلم الانجليزية .
B: Is the lesson interesting?	هل الدرس شيّق ؟
A: Yes, it is.	نعم .
B: Are you listening to the teacher?	هل أنت تستمع الى المدرّس ؟
A: Yes, I am.	نعم .

Numbers — الاعداد

31, 32, 33, 34, 35, 36, 37, 38, 39, 40.

٣١ ، ٣٢ ، ٣٣ ، ٣٤ ، ٣٥ ، ٣٦ ، ٣٧ ، ٣٨ ، ٣٩ ، ٤٠

الدرس السابع

Dialogue

حوار

A: What time is it?

كم الساعة ؟

B: I have two o'clock.

الساعة الثانية حسب ساعتي .

A: Is your watch right?

هل ساعتك مضبوطة ؟

B: No. It's five minutes slow.

لا . هي متأخرة ٥ دقائق .

Repetition Drill

تمرين للاعادة

A. 1. What time is it?

كم الساعة ؟

It's three o'clock.

الساعة ٣ .

2. What time is it?

كم الساعة ؟

It's nine-thirty.

الساعة ٩ والنصف .

3. What time is it?		كم الساعة ؟
It is a quarter of three.		الساعة ٣ إلا ربعا .
4. What time is it?		كم الساعة ؟
It's three-thirty.		الساعة ٣ والنصف .
5. What time is it?		كم الساعة ؟
It is five-fifteen.		الساعة ٥ والربع .
6. What time is it?		كم الساعة ؟
It's one o'clock.		الساعة الواحدة .
7. It's a quarter after six.		الساعة ٦ والربع .
It's time to leave.		حان وقت الذهاب .
8. It's ten o'clock.		الساعة ١٠ .
It's time to begin.		حان الوقت لنبدأ . .
9. It's four forty-five.		الساعة ٥ الا ربعا .
It's time to eat.		حان وقت الأكل .
10. It's half past seven.		الساعة ٧ والنصف .
It's time to get up.		حان وقت القيام من النوم .

B.
1. Mrs. Wilson gets up at six-thirty.

تستيقظ السيدة ولسن في الساعة ٦ والنصف .

2. She dresses.

تلبس ملابسها .

3. She fixes breakfast.

تعدّ الفطور .

4. Mr. Wilson gets up at seven o'clock.

يقوم السيد ولسن من النوم في الساعة ٧

5. He takes a shower and shaves.

يأخذ حمّاما ويحلق ذقنه .

6. He leaves for work at eight-thirty.

يذهب الى العمل في الساعة ٨ والنصف .

7. The children get up at seven-thirty.

يستيقظ الأطفال في الساعة ٧ والنصف .

8. They comb their hair.

يمشطون شعرهم .

9. They brush their teeth.

ينظفون أسنانهم .

10. They leave for school at eight-forty.

يذهبون الى المدرسة في الساعة ٩ الا ثلثا .

11. School begins at nine o'clock.

تبدأ الدروس في الساعة ٩

C.

1. What time do you get up?

   متى تستيقظ ؟

2. I get up at seven-thirty.

   استيقظ في الساعة ٧ والنصف .

3. What time does Mr. Wilson have breakfast?

   متى يتناول السيد ولسن طعام الافطار ؟

4. He has breakfast around eight o'clock.

   يتناول طعام الافطار حوالي الساعة ٨ .

5. What time does Mrs. Wilson fix breakfast?

   متى تعدّ السيدة ولسن طعام الإفطار ؟

6. She fixes breakfast at seven-thirty.

   تعد طعام الإفطار في الساعة السابعة والنصف .

7. What time do the children leave for school?

   متى يذهب الأطفال الى المدرسة ؟

8. They leave for school at eight forty-five.

   يذهبون الى المدرسة في الساعة ٩ إلا ربعا .

D.

1. What time is it?

   كم الساعة ؟

2. It is seven o'clock.

   الساعة ٧ .

3. What is Mrs. Wilson doing?

   ماذا تفعل السيدة ولسن ؟

4. She is fixing breakfast for her family.

   هي تعد طعام الإفطار لعائلتها .

5. What time does her husband leave for work?

   متى يذهب زوجها للعمل ؟

6. He leaves for work at eight-thirty.

   يذهب للعمل في الساعة ٨ والنصف .

7. What are the children doing now?	ماذا يفعل الأطفال الآن ؟
8. They are getting dressed.	هم يلبسون ملابسهم .
9. What do they do every morning?	ماذا يفعلون كل صباح ؟
10. They brush their teeth and comb their hair.	ينظفون اسنانهم ويمشطون شعرهم .

Numbers / الاعداد

41, 42, 43, 44, 45, 46, 47, 48, 49, 50.

٤١ ، ٤٢ ، ٤٣ ، ٤٤ ، ٤٥ ، ٤٦ ، ٤٧ ، ٤٨ ، ٤٩ ، ٥٠

الدرس الثامن

## Dialogue	حوار

A: May I help you?

أي خدمة ؟

B: Yes, I'd like to see your coats.

نعم ، أريد أن أرى معــــــاطفكم .

A: What size do you wear?

ما هو مقاسك ؟

B: I wear size 14.

مقاسي ١٤ .

## Reptition Drill	تمرين للاعادة

A. 1. Mr. Wilson is an American.

السيد ولسن امريكي .

2. He lives in a small town in the United States.

يسكن في مدينة صغيرة في الولايات المتحدة .

3. Mr. Wilson works in a clothing store.

السيد ولسن يعمل في محل للملابس .

4. He sells men's clothes.

يبيع ملابس رجال .

5.	He makes a good salary.	مرتّبه جيد .
6.	He has many customers.	له زبائن كثيرون .
7.	He gets to work at nine o'clock every morning.	يصل الى العمل في الساعة ٩ كل صباح .
8.	The store opens at ten o'clock.	يفتح المحل في الساعة ١٠ .

B.

1.	Does Mr. Wilson live in Greenville?	هل يسكن السيد ولسن في جرينفيل ؟
	Yes, he does.	نعم .
2.	Does he work in a clothing store?	هل يعمل في محل للالبسة ؟
	Yes, he does.	نعم .
3.	Does the store open at nine o'clock?	هل يفتح المحل في الساعة ٩ ؟
	No, it doesn't.	لا .
	It opens at ten.	يفتح في الساعة ١٠ .
4.	Does he sell cars?	هل يبيع سيارات ؟
	No, he doesn't. He sells clothes.	لا . هو يبيع ملابس .
5.	Does he have many customers?	هل له زبائن كثيرون ؟
	Yes, he does.	نعم .

Conversation

محادثة

A: Customer: Good morning, Mr. Wilson.

الزبون : صباح الخير يا سيد ولسن .

How are you?

كيف حالك ؟

Mr. Wilson: Good morning, Mr. Jones.

السيد ولسن : صباح الخير يا سيد جونز .

I need a new hat.

احتاج الى قبعة جديدة .

What size do you wear?

ما هو مقاسك ؟

Customer: I wear size seven.

الزبون : مقاسي ٧ .

Mr. Wilson: We have this hat in size seven.

السيد ولسن : لدينا هذه القبعة . مقاس ٧ .

Try it on.

قسها .

Customer: It fits fine.

الزبون : المقاس مضبوط .

How much is it?

كم ثمنها ؟

Mr. Wilson: It is $22.75 with tax.

السيد ولسن : ٢٢ دولارا و٧٥ سنتا مع الضريبة .

Cash or charge?	نقدا أم على الحساب ؟
Customer: I want to charge it.	الزبون : على الحساب .
Here is my credit card.	هذه بطاقة حسابي (المعتمد) .
Mr. Wilson: Thank you. Please sign here.	السيد ولسن : شكرا . وقع هنا من فضلك .
Here is your package.	هذه علبتك
Your receipt is inside.	والوصل في داخلها .
Come again.	زرنا مرة اخرى .
Customer: Goodbye. Thank you.	الزبون : مع السلامة . شكرا .

B. What time does the store open?

متى يفتح المحل ؟

1. It opens at nine o'clock.

يفتح الساعة ٩ .

2. Where does Mr. Wilson work?

واين يعمل السيد ولسن ؟

He works in a clothing store.

يعمل في محل للألبسة .

3. What kind of clothes does he sell?

اي نوع من الملابس يبيع ؟

He sells men's clothing.

يبيع ملابس رجال .

4. Where does he live?

اين يسكن ؟

He lives in a small town.

يسكن في مدينة صغيرة .

C. **Look at the picture and repeat.**

انظر الى الصورة وأعد

1.	He's wearing a red tie.	يلبس ربطة عنق حمراء .
2.	What size is his shirt?	كم مقاس قميصه ؟
3.	It's size 16.	مقاسه ١٦ .
4.	Her skirt is pretty.	تنورتها جميلة .
5.	I like her purse.	تعجبني شنطة يدها .
6.	His suit is grey.	بدلته رمادية .
7.	I don't like her blouse.	لا تعجبني بلوزتها .
8.	He's wearing a black leather belt.	يلبس حزاما جلديا أسود .
9.	Her skirt is attractive.	تنورتها جذّابة .
10.	His shoes are black.	حذاؤه أسود .

الدرس التاسع

Dialogue

حوار

A: Good night, Mrs. Jackson

تصبحين على خير يا سيدة جاكسن .

B: I'm glad to have met you.

تشرفت بمعرفتك .

A: Thank you.

شكرا .

It's nice to have seen you.

سررت برؤيتك .

Goodnight.

تصبح على خير .

Repetition Drill

تمرين للاعادة

A. 1. Mrs. Wilson is a housewife.

السيدة ولسن ربة بيت .

2. She usually goes to the supermarket every Friday morning.

هي عادة تذهب إلى السوبرماركت صباح كل يوم جمعة .

3. She is in the kitchen.

هي في المطبخ . .

4. She is making a grocery list.	هي تعد قائمة بالمشتريات .
5. She looks in the refrigerator.	تنظر في الثلاجة .
6. She thinks:	هي تفكّر :
I don't have any eggs.	ليس عندي بيض .
I don't have any milk.	ليس عندي حليب .
I still have some butter.	لا يزال عندي بعض الزبدة .
I still have some cheese.	لا يزال عندي بعض الجبن .
7. She looks in the kitchen cabinets.	تنظر في أدراج المطبخ .
8. She discovers:	تكتشف أنها :
She needs some sugar.	تحتاج إلى بعض السكر .
She still has a lot of flour.	لا يزال عندها الكثير من الدقيق .
She needs a few bananas.	تحتاج إلى بعض الموز .
She still has a little rice.	لا يزال عندها القليل من الأرز .

B.
1. How many oranges does she have? She has a few oranges.	كم برتقالة عندها ؟ عندها بعض البرتقالات .
2. How much bread does she have? She only has a little bread.	كم عندها من الخبز ؟ عندها القليل من الخبز فقط .
3. How much soap does she have? She has only a little soap.	كم عندها من الصابون ؟ عندها القليل من الصابون فقط .

4. **How many onions does she have?**
   She still has a lot of onions.

كم بصلة عندها ؟

لا يزال عندها الكثير من البصل .

C. 1. **Does she have any potatoes?**
   No, she doesn't.

هل عندها بطاطس ؟

لا .

2. **Does she have any meat?**

   No, she doesn't have much meat.

هل عندها لحم ؟

لا ، ليس لديها الكثير من اللحم .

3. **Does she need any carrots?**

   Yes, she needs a few carrots.

هل هي بحاجة الى جزر ؟

نعم ، هي بحاجة الى بعض الجزر .

4. **Does she need any rice?**

   Yes. She doesn't have much rice.

هل هي بحاجة الى أرز ؟

نعم ، ليس لديها الكثير من الرز .

5. **Does she need any milk?**

   Yes. She doesn't have much milk.

هل هي بحاجة الى حليب ؟

نعم ، ليس لديها الكثير من الحليب .

Conversation

محادثة

Mrs. Wilson: Today is Friday.

السيدة ولسن : اليوم الجمعة .

I'm going to the supermarket.

انا ذاهبة الى السوبرماركت .

What do you want me to buy?

ماذا تريدون ان اشتري ؟

Betsy: Buy some cookies.

بتسي : اشتري بعض الكعك .

I like chocolate cookies.

احب كعك الشوكولاطة .

Mr. Wilson: Buy some coffee. We don't have any coffee.

السيد ولسن : اشتري بعض القهوة ، ليس لدينا قهوة .

Bobby: Remember milk.

بابي : تذكّري الحليب .

Buy a lot of milk.

اشتري الكثير من الحليب .

Betsy: We need bread too.

بتسي : نحن بحاجة الى خبز كذلك .

Bobby: Buy some fruit for our lunches.

بابي : اشتري بعض الفاكهة لوجبات غدائنا .

Mr. Wilson: Get some meat. I want a few good steaks.

السيد ولسن : احضري بعض اللحم اريد بعض الشرائح الجيدة .

Betsy: We don't have much toothpaste.

بتسي : ليس لدينا الكثير من معجون الاسنان .

الدرس العاشر

Dialogue — حوار

A: What do you do on Sunday afternoon?

ماذا تفعل (عادة) يوم الاحد بعد الظهر ؟

B: I usually go to a movie or ball game.

اذهب عادة الى السينما أو لمشاهدة مباراة كرة .

A: Can I go with you this Sunday?

هل من الممكن ان اذهب معك هذا الأحد ؟

B: Of course. Meet me here at three-fifteen.

طبعا ، قابلني هنا في الساعة ٣ والربع .

Repetition Drill — تمرين للاعادة

A. 1. Mr. Wilson usually gets home at five-thirty.

السيد ولسن عادة يصل الى البيت في الساعة ٥ والنصف .

2. He always rests a little while before dinner.

هو دائما يستريح قليلا قبل وجبة العشاء .

3. The Wilson family always eats dinner at six o'clock.

تتناول عائلة ولسن طعام العشاء دائما في الساعة ٦

4. Mr. Wilson usually reads the newspaper after dinner.

السـيد ولسن يقرأ الجريدة عادة بعد طعام العشاء .

5. He never washes the dishes after dinner.

هولا يغسـل الصحون ابدا بعد العشاء .

6. The children always do their homework in the evenings.

يؤدي الاطفال واجباتهم الدراسية دائما في المساء .

7. Mrs. Wilson sometimes has a club meeting on Wednesday night.

السيدة ولسن تحضر أحيانا اجتماعا للنادي ليلة الأربعاء .

8. The family often watches T.V. together on Sunday evenings.

غـالبا ما تشاهد العائلة التلفزيون معا في ليالي الأحد .

B. 1. Mrs. Wilson is usually busy every morning.

السيدة ولسن عادة مشغولة كل صباح .

2. The children are always hungry at six o'clock.

الأطفال دائما جوعى في الساعة ٦ .

3. Mr. Wilson is often tired when he gets home.

السـيد ولسن غالبا ما يكون متعبا عندما يصل إلى البيت .

4. Betsy is sometimes tired at nine o'clock.

بتسي تكون متعبة أحيانا في الساعة ٩ .

5. Bobby is always asleep by ten o'clock.

بابي يكون دائما نائما عند الساعة ١٠ .

C. 1. Don't the Wilsons usually stay home in the evenings?

ألا تبقى عـائلة ولسن عـادة في البيت في المساء ؟

Yes, they do.

بلى .

2. Doesn't Mr. Wilson always read his paper before dinner?

ألا يقرأ السـيد ولسن الجريدة دائما قبل العشاء ؟

No, he doesn't.

لا .

3. Isn't he often tired in the evening before dinner?	أليس هو غالبا متعبا في المساء قبل العشاء ؟
Yes, he is.	نعم .
4. Aren't the children usually tired at nine o'clock?	ألا يكون الاطفال عادة متعبين في الساعة ٩ ؟
Betsy is but Bobby isn't.	بتسي تكون متعبة لكن ليس بابي .
5. Doesn't Mrs. Wilson sometimes have a club meeting during the week?	ألا يكون عند السيدة ولسن اجتماع للنادي احيانا خلال الاسبوع ؟
Yes, she does.	نعم .

D. 1. Where does Mrs. Wilson sometime go on Wednesday night? | اين تذهب السيدة ولسن احيانا ليلة الأربعاء ؟

2. She sometimes goes to a club meeting. | تذهب احيانا لاجتماع النادي .

3. What does Mr. Wilson usually look at before dinner? | ماذا يشاهد السيد ولسن عادة قبل العشاء ؟

4. He usually watches a news program. | هو عادة يشاهد برنامجا اخباريا .

5. Who never washes the dinner dishes? | من لا يغسل صحون العشاء على الاطلاق ؟

6. Mr. Wilson doesn't. | السيد ولسن .

7. What does Betsy often do after dinner? | ماذا تفعل بتسي غالبا بعد العشاء ؟

8. She helps her mother with the dinner dishes. | تساعد أمها في غسل صحون العشاء .

9. What time does Bobby usually go to bed? | متى ينام بابي عادة ؟

10. He usually goes to bed at ten o'clock. | هو عادة ينام الساعة العاشرة .

Numbers

الاعداد

51, 52, 53, 54, 55, 56, 57, 58, 59, 60

٥١ ، ٥٢ ، ٥٣ ، ٥٤ ، ٥٥ ، ٥٦ ، ٥٧ ، ٥٨ ، ٥٩ ، ٦٠

الدرس الحادي عشر

Dialogue

حوار

A: Hello, Mr. Brown

مرحبا يا سيّد براون .

B: Hello, Mr. Smith

مرحبا يا سيّد سميث .

A: I want to invite you and Mrs. Smith to dinner tonight.

اريد ان ادعوك أنت والسيدة سميث للعشاء الليلة .

B: At your house?

في بيتك ؟

A: Yes. At seven o'clock.

نعم . الساعة ٧ .

B: All right. We'll be there. Thank you for the invitation.

حسنا ـ سنكون هناك . شكرا لك على الدعوة.

Repetition Drill

تمرين للاعادة

A. 1. Mrs. Wilson has a busy schedule.

السيدة ولسن مشغولة جدا .

2. On Monday she does the wash for the family.

يوم الاثنين تغسل ملابس العائلة .

48

٤٨

3. **She also irons the clothes.** — تكوي الملابس كذلك .

4. **She vacuums the rugs every Tuesday.** — تكنس السجّادات كل يوم ثلاثاء .

5. **She also mops the bathroom floor.** — تمسح أرضية الحمام كذلك .

6. **On Wednesday she works in her garden.** — يوم الأربعاء تعمل في حديقتها .

7. **On Thursday she does some chores.** — يوم الخميس تقوم باشغال البيت .

8. **She goes to the bank and the dry cleaner.** — تذهب الى البنك ومنظف البخار .

9. **She dusts the furniture on Friday.** — وتنظف الغبار عن الأثاث يوم الجمعة .

10. **She goes to the grocery store every Saturday.** — تذهب الى البقال كل يوم سبت .

11. **She rests on Sunday.** — تستريح يوم الأحد .

B. 1.	Today is Friday.	اليوم يوم الجمعة .
2.	What is she doing now?	ماذا تفعل الآن ؟
3.	She is cleaning the kitchen.	تنظف المطبخ .
4.	She vacuums it every Friday.	تكنسه كل يوم جمعة .
5.	What does she do every morning?	ماذا تفعل كل صباح ؟
6.	She washes the breakfast dishes.	تغسل صحون الفطور .
7.	Does she go to the grocery store every Thursday?	هل تذهب الى البقال كل يوم خميس ؟
8.	No, she doesn't. She does her chores then.	لا ، تقوم باشغال البيت في ذلك اليوم .
9.	What does she do every Sunday morning?	ماذا تفعل في صباح كل يوم أحد ؟
10.	She goes to church and then she rests.	تذهب الى الكنيسة ثم تستريح .

Conversation — محادثة

A Visit with a Neighbor — زيارة لجيران

1.	Mrs. Wilson usually finishes her housework about three in the afternoon.	تنتهي السيدة ولسن من عملها عادة حوالي الساعة ٣ بعد الظهر .
2.	Her neighbor sometimes visits her in the afternoon.	تزورها جارتها بعد الظهر أحيانا .
3.	They are good friends.	هما صديقتان حيمتان .
4.	Today is Thursday.	اليوم يوم الخميس .

5. Mrs. Drake comes over around three-thirty.	تأتي السيدة درايك حوالي الساعة ٣ والنصف .
Mrs. Drake: Hello, Ana.	السيدة درايك : مرحبا يا آنا .
Mrs. Wilson: How are you this afternoon?	السيدة ولسن : كيف حالك ظهر هذا اليوم ؟
Mrs. Drake: Fine. I am busy as usual.	السيدة درايك : بخير . انا مشغولة كالعادة .
Mrs. Wilson: Sit down. Let's have a cup of coffee.	السيدة ولسن : اجلسي نشرب فنجان قهوة .
Mrs. Drake: Good. I want to borrow a cup of sugar.	السيدة درايك : حسنا . اريد أن أستعير كوبا من السكر .
Mrs. Wilson: What are you baking?	السيدة ولسن : ماذا تعدّين ؟
Mrs. Drake: I'm baking a cake.	السيدة درايك : أعدّ كعكة .
I'm out of sugar.	نفذ السكر من عندي .
I'm too tired to go to the store.	أنا متعبة ولا استطيع الذهاب إلى الدكان .
Mrs. Wilson: Here's your sugar.	السيدة ولسن : خذي . هذا سكرك .
Don't go to the store only for sugar.	لا تذهبي للدكان من أجل السكر فقط .
Mrs. Drake: Thanks. This coffee surely is good.	السيدة درايك : شكرا . هذه القهوة حقّا طيّبة .
Mrs. Wilson: I hear the children now. I'd better go home and finish my cake.	السيدة ولسن : أسمع الأطفال الآن . من الافضل ان اذهب الى البيت وأنهي اعداد الكعكة .
Mrs. Drake: See you tomorrow. Goodbye.	السيدة درايك : إلى اللقاء غدا ، مع السلامة .

الدرس الثاني عشر

Dialogue

حوار

A: What's your name?

ما اسمك ؟

B. My name is Mary Smith.

اسمي ماري سميث .

A: How do you spell it?

كيف تهجيه ؟

B: Capital M·A·R·Y. Capital S·M·I·T·H.

م كبيرة ، الف ، راء ، ي . سين كبيرة ، م ، كسرة ، ت ، هـ

Conversation

محادثة

A. A Quick Lunch

غداء مستعجل

   1. Sometimes Mr. Wilson is very busy at the store.

احيانا يكون السيد ولسن مشغولا جدا في المحلّ .

   2. He doesn't have much time to eat lunch.

ليس لديه كثير من الوقت لتناول طعام الغداء .

   3. Then he goes to a fast food restaurant with a friend.

عند ذلك يذهب مع صديق ، الى مطعم يقدم الطعام بسرعة .

Waitress: May I help you?

النادلة : اي خدمة ؟

Mr. Wilson: Yes. A hamburger and a large coke please.

السيد ولسن : نعم . شطيرة باللحم وكأس كوكا كولا كبير من فضلك .

Waitress: To eat here or to go?

النادلة : للأكل هنا او خارج المطعم ؟

Mr. Wilson: Here.

السيد ولسن : هنا .

Waitress: Pay the cashier at the end of the line. And you, sir. What will it be?

النادلة : ادفع للمحاسب عند نهاية الصف . وانت يا سيدي . ماذا تريد ان تأكل ؟

Friend: Two hot dogs, a cup of coffee, and a piece of apple pie.

الصديق : قطعتين من السّجق وفنجان قهوة وفطيرة تفاح .

Cashier: Altogether that's two-fifty.

المحاسبة : الحساب دولاران و ٥٠ سنتا .

Thank you. Here's your change.

شكرا . هذا الباقي .

4. Mr. Wilson and his friend carry their food on a tray to a nearby table.

يحمل السيد ولسن وصديقه طعامهما على صينية الى طاولة قريبة .

B. Enough Time for Lunch

هناك وقت كاف للغداء .

1. Today Mr. Wilson and his friend have an hour for lunch.

للسيد ولسن ولصديقه ساعة للغداء اليوم .

2. They go to a nice restaurant near the store.

يذهبان الى مطعم جيد قرب الدكان .

3. They sit down at a table.

يجلسان حول طاولة .

4. The waitress brings the menu.

تحضر النادلة قائمة الطعام .

5. She takes their orders.

تأخذ طلبيها .

Waitress: What will you have?

النادلة : ماذا تريدان ؟

Mr. Wilson: I'll have some beef stew and a cup of coffee.

السيد ولسن : أريد شُوْربة لحم بقر وفنجان قهوة .

Friend: I'll have a club sandwich and a bowl of soup.

الصديق : اريد شطيرة وصحن شُوربة .

Waitress: Would you like coffee too?

النادلة : تريد قهوة كذلك ؟

Friend: Yes, thank you.

الصديق : نعم ، شكرا .

6. The waitress brings two glasses of water. She puts knives, spoons and forks on the table. She also brings napkins.

تحضر النادلة كوبين من الماء ، وتضع سكاكين وملاعق وشوكات على الطاولة وتحضر مناديل كذلك .

7.	Then she brings the coffee.	ثم تحضر القهوة .
	Waitress: Do you want cream for your coffee?	النادلة : هل تريدان حليبا مع القهوة ؟
	Mr. Wilson: Yes, we do. Please bring some sugar too.	السيد ولسن : نعم . من فضلك احضري بعض السكر كذلك .
	Waitress: Here are your orders. What would you like for dessert?	النادلة : هذا ما طلبتما . ماذا تريدان من الحلوى ؟
	Mr. Wilson: I'll have a piece of chocolate cake.	السيد ولسن : اريد قطعة من كعك الشيكولاطة .
	Friend: Nothing for me, thanks.	الصديق : لا أريد شيئا شكرا .
8.	Mr. Wilson and his friend finish their lunch	ينتهي السيد ولسن وصديقه من غدائهما .
9.	They pay the check.	يدفعان الفاتورة .
10.	They leave a tip for the waitress.	يتركان اكرامية للنادلة .
11.	They both then go back to work.	ثم يرجعان للعمل .

Numbers

الاعداد

61, 62, 63, 64, 65, 66, 67, 68, 69, 70

٦١ ، ٦٢ ، ٦٣ ، ٦٤ ، ٦٥ ، ٦٦ ، ٦٧ ، ٦٨ ، ٦٩ ، ٧٠

الدرس الثالث عشر

Dialogue | حوار

A: What day is today? — ما اليوم ؟

B: It's Tuesday. — اليوم الثلاثاء .

A: What's the date? — ما هو التاريخ ؟

B: It's May First, nineteen eighty-one. (May 1, 1981) — الأول من مايو ١٩٨١ .

Repetition Drill | تمرين للاعادة

Betsy's Birthday — عيد ميلاد بتسي

A. 1. Next Sunday is Betsy's birthday. — يوم الأحد القادم هو عيد ميلاد بتسي .

2. She is going to have a birthday party. — ستقيم حفلة عيد ميلاد .

3. She is going to invite her cousins and friends. — ستدعو أقاربها واصدقائها .

4. Her mother is going to bake her a birthday cake.

ستعد لها أمها كعكة عيد ميلاد .

5. The party is going to be at three o'clock.

ستبدأ الحفلة في الساعة الثالثة .

6. All her friends are going to come.

سيحضر جميع اصدقائها .

7. We are going to buy a nice gift for her.

سنشتري لها هدية جميلة .

8. Betsy is going to be nine years old.

ستبلغ بتسي التاسعة من عمرها .

9. I am going to sing "Happy Birthday" to her.

سأغنّي لها أغنية «عيد ميلادك سعيد» .

10. She is going to blow out the candles on her birthday cake.

ستطفىء الشموع الموجودة على كعكة عيد ميلادها .

B. 1. Is Betsy going to have a party?

هل ستقيم بتسي حفلة ؟

Yes, she is.

نعم .

2. Are her friends and cousins going to come?

هل سيأتي اصدقاؤها وأقاربها ؟

Yes, they are.

نعم .

3. Is the party going to be next Saturday?

هل ستكون الحفلة يوم السبت القادم ؟

No, it isn't.

لا .

4. Are you going to buy her a gift?

هل ستشتري لها هدية ؟

Yes, I am.

نعم .

5. Is she going to be
twelve years old?

هل ستبلغ الثانية عشرة
من عمرها ؟

No, she isn't.

لا .

C. 1. Where is the party
going to be?

اين ستقام الحفلة ؟

It's going to be at
Betsy's house.

ستقام في بيت بتسي .

2. What time is the party
going to be?

ما موعد الحفلة ؟

It's going to be at three
o'clock.

ستكون في الساعة الثالثة .

3. Whose birthday is it
going to be next
Sunday?

من سيكون عيد ميلاده يوم
الأحد القادم ؟

It's going to be Betsy's
birthday.

سيكون عيد ميلاد بتسي .

4. What is she going to
wear to her party?

ماذا ستلبس في حفلتها ؟

She is going to wear a
party dress.

ستلبس فستان حفلة .

5. Who is going to come
to the party?

من سيحضر الى الحفلة ؟

Her friends are going to
come.

سيحضر اصدقاؤها .

Conversation

محادثة

Mrs. Wilson: Betsy, next
Sunday is your birthday.

السيدة ولسن : يا بتسي ،
يوم الأحد القادم هو عيد ميلادك .

Do you want to have
a party?

هل تريدين الاحتفال به ؟

58

Betsy: Oh yes. That is going to be fun.	بتسي : نعم . سوف نستمتع كثيرا .
Mrs. Wilson: Who are you going to invite?	السيدة ولسن : من ستدعين ؟
Betsy: I'm going to invite my friends and cousins.	بتسي : سأدعو اصدقائي وأقربائي .
Mrs. Wilson: I'm going to bake you a beautiful birthday cake.	س . و . : سأعد لك كعكة عيد ميلاد ممتازة .
I'm going to buy ice cream and candy too.	وسأشتري بوزة وحلوى كذلك .
Betsy: Are you going to buy a new dress for me?	ب : هل ستشترين لي فُستانا جديدا ؟
Mrs. Wilson: Yes, I am.	س . و . : نعم .
Your father is going to buy you a new bicycle, too.	سيشتري لك أبوك دراجة جديدة كذلك .
Betsy: This is going to be a very special birthday.	ب : سيكون هذا عيد ميلاد خاصا .

Numbers — الاعداد

71, 72, 73, 74, 75, 76, 77, 78, 79, 80	٧١ ، ٧٢ ، ٧٣ ، ٧٤ ، ٧٥ ، ٧٦ ، ٧٧ ، ٧٨ ، ٧٩ ، ٨٠

الدرس الرابع عشر

Dialogue

حوار

A: Good evening, Mrs. Smith. This is John Brown. May I speak with Mr. Smith?

مساء الخير يا سيدة سميث .
أنا جان براون ، ممكن اتكلم مع السيد سميث ؟

B: Certainly, Mr. Brown.

طبعا يا سيد براون .

Hold the line, please.

لحظة من فضلك ابق على الخط .

Repetition Drill

تمرين للاعادة

A. 1. The Wilsons took a vacation last summer.

أخذت عائلة ولسن اجازة الصيف الماضي .

2. They went to Spring-field.

ذهبوا الى سبرنجفيلد .

3. They visited Mrs. Wilson's parents.	زاروا والدي السيدة ولسن .
4. They stayed there two weeks.	بقوا هناك اسبوعين .
5. They had an enjoyable visit.	كانت زيارتهم ممتعة .
6. The children liked Springfield.	اعجبت سبرنجفيلد الاولاد .
7. The Wilsons left for Springfield on Saturday morning.	توجهت عائلة ولسن إلى سبرنجفيلد صباح يوم السبت .
8. They got up early.	استيقظوا باكرا .
9. They dressed quickly.	لبسوا ملابسهم بسرعة .
10. They ate their breakfast around eight-thirty.	تناولوا فطورهم حوالي الساعة الثامنة والنصف .
11. Then Mr. Wilson drove the car to the filling station.	ثم ساق السيد ولسن السيارة الى محطة البنزين .
12. He spoke to the attendant.	وتكلم مع العامل .

Conversation

محادثة

A: Mr. Wilson: Fill it up please.

السيد ولسن : املأها من فضلك .

Attendant: Do you want me to check the oil?

العامل : هل تريد ان اتفقد الزيت ؟

Mr. Wilson: Yes, and check the air pressure in the tires too.

السيد ولسن : نعم ، واكشف على ضغط الهواء في العجلات كذلك .

Attendant: Please move the car to the air pump.	العامل : من فضلك حرّك السيارة الى مضخة الهواء .
Attendant: Mr. Wilson, everything is checked. You need only a quart of oil.	العامل : يا سيد ولسن ، تفقدت كل شيء. تحتاج الى ربع جالون من الزيت فقط .
Mr. Wilson: Put it in. How much do I owe you?	س . و . : أضفه . كم تريد منّي ؟
Attendant: The gas and oil came to $27.50.	ع : كلّف الزيت والبنزين ٢٧ دولارا و ٥٠ سنتا .

B.	1.	Mr. Wilson returned home.	رجع السيد ولسن الى البيت .
	2.	The family was ready to leave.	كانت العائلة مستعدة للسفر .
	3.	They packed the suit-cases.	جهّزوا الحقائب .
	4.	They put them in the car.	وضعوها في السيارة .
	5.	Bobby locked the windows and doors.	اقفل بابي الشبابيك والأبواب .
	6.	Mrs. Wilson cancelled the newspaper subscription by phone.	ألغت السيدة ولسن الاشتراك في الجريدة بالتلفون .
	7.	They got in the car.	ركبوا السيارة .

8.	They began the long trip to Springfield.	بدؤوا الرحلة الطويلة الى سبرنجفيلد .
C. 1.	When did the Wilsons take a trip to Spring-field?	متى قامت عائلة ولسن برحلة الى سبرنجفيلد ؟
	They took it last summer.	في الصيف الماضي .
2.	Whom did they visit?	من زاروا ؟
	They visited Mrs. Wilson's parents.	زاروا والدي السيدة ولسن .
3.	When did they leave?	متى سافروا ؟
	They left Saturday morning.	سافروا صباح السبت .
4.	What did they take with them?	ماذا أخذوا معهم ؟
	They took their suit-cases.	أخذوا حقائبهم .
5.	How long did they stay?	كم مكثوا ؟
	They stayed two weeks.	مكثوا اسبوعين .
D. 1.	Did they eat breakfast early?	هل تناولوا فطورهم مبكّرا ؟
	Yes, they did.	نعم .
2.	Did Mr. Wilson go to the filling station?	هل ذهب السيد ولسن إلى محطة البنزين ؟
	Yes, he did.	نعم .

3.	Did Mr. Wilson buy new tires for the trip?	هل اشترى السيد ولسن عجلات جديدة للرحلة ؟
	No, he didn't.	لا .
4.	Did they stay in Spring-field four weeks?	هل مكثوا في سبرنجفيلد ٤ أسابيع ؟
	No, they didn't.	لا .
5.	Did Betsy enjoy the trip?	هل استمتعت بتسي بالرحلة ؟
	Yes, she did.	نعم .

Numbers الاعداد

81, 82, 83, 84, 85, 86, 87
88, 89, 90

٨١ ، ٨٢ ، ٨٣ ، ٨٤ ، ٨٥ ، ٨٦ ، ٨٧ ،
٨٨ ، ٨٩ ، ٩٠

الدرس الخامس عشر

Dialogue

حوار

A: When do you have your vacation?

متى تأخذ اجازتك ؟

B: In August and September.

في أغسطس وسبتمبر .

A: Does It last two months?

هل تدوم شهرين ؟

B: No. My vacation lasts three weeks.

لا . اجازتي تدوم ٣ أسابيع .

It begins in August and ends in September.

تبدأ في أغسطس وتنتهي في سبتمبر .

Repetition Drill

تمرين للاعادة

The Wilsons on the Highway

عائلة ولسن في الطريق السريعة .

A. 1. The Wilsons went from Greenville to Springfield by car.

ذهبت عائلة ولسن من جرينفيلد إلى سبرنجفيلد بالسيارة .

2. The trip was long.

كانت الرحلة طويلة .

3. The weather was excellent during their trip.

كان الطقس ممتازا أثناء رحلتهم .

4.	It was a two-hundred mile trip.	كانت رحلة طولها ٢٠٠ ميل .
5.	They were tired and hungry at noon.	كانوا متعبين وجوعى عند الظهر .
6.	They stopped for lunch and gas.	توقفوا للغداء والبنزين .
7.	Mr. Wilson drove carefully.	ساق السيد ولسن بحذر .
8.	Mrs. Wilson looked at the scenery along the way.	شاهدت السيدة ولسن المناظر على طول الطريق .
9.	The children saw mountains, lakes and forests.	شاهد الأطفال جبالا وبحيرات وغابات .
10.	The signs on the highway were interesting.	كانت الاشارات على الطريق مشوّقة .
11.	Some signs said "Curve," "Narrow Bridge" and "Railroad."	كانت بعض الاشارات تقول «منعطف» ، «جسر ضيق» ، و«سكة حديدية» .
B. 1.	Was it a short trip?	هل كانت رحلة قصيرة ؟
	No, it wasn't.	لا .
2.	Were they tired and thirsty?	هل كانوا متعبين وعطشى ؟
	Yes, they were.	نعم .
3.	Was the scenery beautiful?	هل كانت المناظر جميلة ؟
	Yes, it was.	نعم .

4. Was it a five-hundred mile trip?

هل كان طول الرحلة ٥٠ ميلا ؟

No, it wasn't.

لا .

5. Was it a pleasant day?

هل كان يوما جميلا ؟

Yes, it was.

نعم .

6. Were the children bored and unhappy?

هل كان الاطفال متضايقين وغير مسرورين ؟

No, they weren't.

لا .

C. 1. How was the trip?

كيف كانت الرحلة ؟

It was pleasant.

كانت سارة .

2. How long was the trip?

كم كان طول الرحلة ؟

It was two-hundred miles.

كان ٢٠٠ ميلا .

3. Who was tired and thirsty?

من كان متعبا وعطشانا ؟

Betsy and Bobby were.

بتسي و بابي .

4. What was beautiful?

ما الذي كان جميلا ؟

The scenery was.

المناظر .

5. Where were the signs?

اين كانت الاشارات ؟

They were along the highway.

كانت على طول الطريق .

The Human Body

جسم الانسان

A.

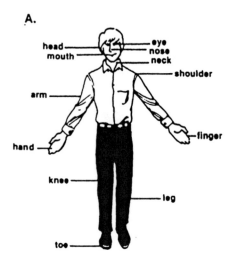

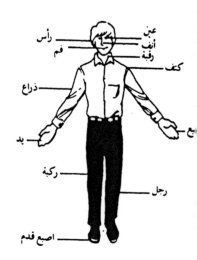

Numbers

الاعداد

٩١ ، ٩٢ ، ٩٣ ، ٩٤ ، ٩٥ ، ٩٦ ، ٩٧ ،
٩٨ ، ٩٩ ، ١٠٠

الدرس السادس عشر

Dialogue

حوار

A: Where do you live?

أين تسكن ؟

B: I live in Springfield.

أسكن في سبرنجفيلد .

A: What's your address?

ما عنوانك ؟

B: My address is 317 Nash Street.

عنواني ٣١٧ شارع ناش .

Conversation

محادثة

The Wilsons Arrive in Spring-field

تصل عائلة ولسن الى سبرنجفيلد .

1. The Wilsons arrived in Springfield between three and four o'clock.

2. They looked for State Street.

بحثوا عن شارع ستايت .

3. Mrs. Wilson's parents live at six twenty-five (625) East State Street.

يسكن والدا السيدة ولسن في ٦٢٥ شارع ستايت الشرقي .

4. They found East State Street easily.

وجدوا شارع ستايت الشرقي بسهولة .

5. The Johnsons' house was near the corner of State and Nash streets.	كان بيت عائلة جانسن قريبا من ملتقى شارع ستايت بشارع ناش
6. Mr. Wilson parked the car in front of the house.	اوقف السيد ولسن السيارة أمام المنزل .
7. Mrs. Johnson came out of the house and greeted them.	خرجت السيدة ولسن من البيت وحيّتهم .
Mrs. Wilson: Hello, Mom.	السيدة ولسن : مرحبا يا أمّي .
Mrs. Johnson: Hello, everybody. Get out of the car and come in.	السيدة جانسن : مرحبا بكم جميعا . انزلوا من السيارة وادخلوا .
Mr. Wilson: All right.	السيد ولسن : حسنا .
Mrs. Johnson: We expected you at two-thirty.	السيدة جانسن : توقعنا وصولكم الساعة الثانية والنصف .
It's almost four o'clock now.	الساعة الآن الرابعة تقريبا .
Mr. Wilson: Well, Betsy and Bobby were hungry.	السيد ولسن : في الواقع ، بتسي و بابي كانا جائعين .
So we stopped to eat lunch.	فتوقفنا لتناول الغداء .
That delayed us a little.	أخّرنا ذلك قليلا .
However the trip wasn't long.	إلا ان الرحلة لم تكن طويلة .
We started at eight-thirty this morning.	بدأنا الرحلة الساعة الثامنة والنصف صباح اليوم .
Mr. Johnson: Take the suitcases and boxes out of the car.	السيد جانسن : أخرجوا الحقائب والصناديق من السيارة .
Carry this suitcase, Bobby.	إحمل هذه الحقيبة يا بابي .
Take this box, Betsy.	خذي هذا الصندوق يا بتسي .

I can carry the rest.	استطيع ان احمل البقية .
Did you enjoy your trip?	هل استمتعتم بالرحلة ؟
Mrs. Wilson: Yes, we enjoyed it very much.	السيدة ولسن : نعم ، استمتعنا بها كثيرا جدا .
The scenery was beautiful.	كانت المناظر جميلة .
The trees and grass were very green.	كانت الأشجار والأعشاب خضراء جدا .
There are lots of flowers at this time of year.	هناك كثير من الأزهار في هذا الوقت من السنة .
So this is your new house.	اذن ، هذا بيتكم الجديد .
It is very attractive.	انه جميل جدا .
Mrs. Johnson: Yes, we moved here last month.	السيدة جانسن : نعم ، لقد انتقلنا الى هنا الشهر الماضي .
I'm going to show you around.	سوف أفرّجكم على البيت .
Put your things down.	ضعوا اشياءكم على الأرض .
Come with me.	تعالوا معي .
Mrs. Wilson: You arranged your furniture nicely.	السيدة ولسن : يعجبني ترتيب أثاثك الجديد .
And I like the color of your wallpaper and the rugs.	و يعجبني كذلك لون ورق الجدران والسجادات .
You certainly have a charming house.	بيتك جميل حقا .

Numbers

الاعداد

500, 1,000, 8,000, 100,000,
500,000, 1,000,000 1 billion (billon)
1 trillion (trillon)

٥٠٠ — ١٠٠٠ — ٨٠٠٠ — ١٠٠٫٠٠٠ —
٥٠٠٫٠٠٠ — ١٠٠٠٫٠٠٠ بليون ترليون

الدرس السابع عشر

Dialogue | حوار

A: Is this apartment for rent? — هل هذه الشقة للايجار ؟

B: Yes, it is. — نعم .

A: How many bedrooms does it have? — كم غرفة نوم فيها ؟

B: It has three bedrooms. — فيها ٣ غرف نوم .

A: What is the rent? — كم الايجار ؟

B: It is three-hundred fifty dollars a month. — ٣٥٠ دولارا في الشهر .

Repetition Drill | تمرين للاعادة

A. 1. Mrs. Johnson is pleased with her new home. — السيدة جانسن مسرورة ببيتها الجديد .

2. It's a two-story house with eight rooms. — هو بيت ذو طابقين وفيه ٨ غرف نوم .

3. It also has a basement. — وفيه طابق تحت الأرض كذلك .

4. There are five rooms on the first floor.	هناك ٥ غرف في الطابق الأول .
5. There are three rooms on the second floor	هناك ٣ غرف في الطابق الثاني .
6. She shows her visitors around.	تري زوارها البيت .
Mrs. Wilson: Didn't you buy some new furniture for your house?	السيدة ولسن : ألم تشتري أثاثا جديدا لبيتك ؟
Mrs. Johnson: We bought some new furniture for the living room.	السيدة جانسن : اشترينا أثاثا جديدا لغرفة الجلوس .
But we didn't buy any furniture for the other rooms.	لكننا لم نشتر اي اثاث للغرف الأخرى .
We are using the furniture from the old house.	نستعمل أثاث البيت القديم .
Mrs. Wilson: The bookcases look new.	السيدة ولسن : تبدو خزانات الكتب جديدة .
Mrs. Johnson: Your father painted them.	السيدة جانسن : دهنها أبوك .
They are green now instead of brown.	هي الآن خضراء بدلا من ان تكون بنية .
Mrs. Wilson: I recognized the couch and chairs.	السيدة ولسن : عرفت الاريكة والكراسي .
But when did you get the television?	لكن متى اشتريتم التلفزيزن ؟
Mrs. Johnson: Oh, yes. The television is new.	السيدة جانسن : آه ! التلفزيون جديد .
We got it last month.	اشتريناه الشهر الماضي .

We also have three bedrooms upstairs.

عندنا كذلك ٣ غرف نوم في الطابق العلوي .

Mrs. Wilson: That's good. There are many closets, too.

السيدة ولسن : هذا جيد ! هناك العديد من الدواليب ايضا .

Mrs. Johnson: That's right.

السيدة جانسن : هذا صحيح .

The house is very large.

البيت كبير جدا .

We have a lot of room for guests now.

لدينا أماكن كافية للضيوف الآن .

B. 1. The Johnson's house is very large.

بيت عائلة جانسن كبير جدا .

2. It has two floors.

فيه طابقان .

3. There are three bedrooms on the second floor.

هناك ٣ غرف نوم في الطابق الثاني .

4. The kitchen is next to the dining room.

المطبخ بجانب غرفة الطعام .

5. There is a refrigerator, sink and stove in the kitchen.

هناك ثلاجة ومغسلة وفرن في المطبخ .

6. Mrs. Johnson's
   bedroom is on the
   second floor.

غرفة نوم السيدة جانسن في الطابق الثاني .

7. There is a bed in her
   bedroom.

هناك سرير في غرفتها .

8. There are two dressers
   near the window.

هناك خزانتان قرب الشباك .

C. 1. What's in the living
      room?

ماذا يوجد في غرفة الجلوس ؟

There is a sofa in the living room. | في غرفة الجلوس أريكة .

It is between the chair and the piano. | هي بين الكرسي والبيانو .

2. There is a beautiful rug on the floor. | على الأرض سجادة جميلة .

3. There is a large chair next to the fireplace. | هناك كرسي كبير بالقرب من الموقد .

4. What's in the dining room? | ماذا يوجد في غرفة الطعام ؟

There is a table in the dining room. | هناك طاولة في غرفة الطعام .

There are six chairs around the table. | وهناك ٦ كراس حول الطاولة .

There are some flowers on the table. | هناك أزهار على الطاولة .

5. What's in the bathroom? | ماذا يوجد في الحمّام ؟

There is a bathtub in the bathroom.		في الحمّام حوض .
There is a toilet next to the sink.		وهناك تواليت قرب المغسلة .
There are two towels on a rack.		هناك منشفتان على العلاقة .
There is a mirror over the sink.		هناك مرآة فوق المغسلة .

D. 1. Is there a sink under
       the mirror?

هل هناك مغسلة تحت المرآة ؟

      Yes, there is.

نعم .

  2. Are there three chairs in
      the living room?

هل هناك ٣ كراس في غرفة الجلوس ؟

      No, there aren't.

لا

  3. Is there a coffee table
      in front of the sofa?

هل هناك طاولة للقهوة أمام الأريكة ؟

      No, there isn't.

لا

  4. Are there two lamps in
      the bedroom?

هل في غرفة النوم مصباحان ؟

      No, there aren't.

لا

      There is only one.

هناك واحد فقط .

  5. Are there three pictures
      on the walls in the
      living room?

هل هناك ٣ صور على الحائط في غرفة
الجلوس ؟

      No, there aren't.

لا

      There is only one.

هناك واحدة فقط .

الدرس الثامن عشر

Dialogue

حوار

A: Good morning, I would like to cash this check.

صباح الخير . اريد ان اصرف هذا الشيك .

B: Do you have an account at this bank?

هل عندك حساب في هذا البنك ؟

A: Yes, I do.

نعم .

B: May I have your account number, please.

من فضلك ، ممكن آخذ رقم حسابك ؟

Thank you. Here is your money.

شكرا . هذه نقودك .

Repetition Drill

تمرين للاعادة

A. 1. During their visit to Springfield, the Wilson children saw many differences between their town and Springfield.

اثناء زيارتهم لسبرنجفيلد ، شاهد اطفال عائلة ولسن فوارق كثيرة بين مدينتهم وسبرنجفيلد .

2. Springfield is larger than Greenville.

سبرنجفيلد اكبر من جرينفيل .

3. There are many more interesting things to do in Springfield than in Greenville.

الأشياء المشوقة في سبرنجفيلد أكثر منها في جر ينفيل .

4. The streets in Springfield are wider than they are in Greenville.

الشوارع في سبرنجفيلد أوسع منها في جر ينفيل .

5. People in Greenville are friendlier than the people in Springfield.

الناس في جر ينفيل ألطف منهم في سبرنجفيلد .

6. The buildings in Greenville are not as tall as the buildings in Springfield.

المباني في جر ينفيل ليست عالية مثل المباني في سبرنجفيلد .

7. There are not as many stores in Greenville as there are in Springfield.

ليس في سبرنجفيلد دكاكين كثيرة مثل جر ينفيل .

8. Shopping is better in Springfield than it is in Greenville.

التسوّق في سبرنجفيلد أفضل منه في جر ينفيل .

9. Clothes and food are not as cheap in Greenville as they are in Springfield.

الملابس والمأكولات ليست رخيصة في جر ينفيل كما هي في سبرنجفيلد .

10. People in Greenville do not seem nearly as busy as they do in Springfield.	لا يبدو ان الناس مشغولون في جر ينفيل كما هم في سبرنجفيلد .
11. Springfield has a better transportation system than Greenville.	في سبرنجفيلد نظام مواصلات أفضل من جر ينفيل .
12. But traffic is still worse in Springfield than it is in Greenville.	لكن حركة المرور لا تزال أسوأ في سبرنجفيلد منها في جر ينفيل .
B. 1. Are there more restaurants and museums in Springfield than in Greenville?	هل في سبرنجفيلد مطاعم ومتاحف اكثر من جر ينفيل ؟
Yes, there are.	نعم .
2. Is gasoline less expensive in Springfield than it is in Greenville?	هل البترول أرخص في سبرنجفيلد منه في جر ينفيل ؟
Yes, it is.	نعم .
3. Are children safer in Springfield than they are in Greenville?	هل سبرنجفيلد اكثر أمنا للأطفال من جر ينفيل ؟
No, they are not.	لا .
4. Is there less noise in Greenville than in Springfield?	هل الضوضاء في جر ينفيل أقل منها في سبرنجفيلد ؟
Yes, there is.	نعم .
5. Is Springfield more polluted than Greenville?	هل الجوّ في سبرنجفيلد ملوّث اكثر منه في جر ينفيل ؟
Yes, it is.	نعم .

6. **Are there less taxis and buses in Springfield than in Greenville?**

   No, there are not.

هل في سبرنجفيلد تكسيات وباصات أقلّ من جرينفيل ؟

لا .

7. **Is there less crime in Greenville than in Springfield?**

   Yes there is.

هـل الجرائم في جرينفـيل أقلّ منهـا في سبرنجفيلد ؟ .

نعم .

A Talk with Grandfather

حديث مع الجدّ

Betsy: Grandfather, how many people live in Springfield?

Grandfather: Oh, there are less than half a million.

بتـسي : يا جدي كم شخصا يسكن في سبرنجفيلد ؟

الجدّ : أقل من نصف مليون .

Bobby: Springfield is certainly much bigger than Greenville.

بابي : سبرنجفيـلد بالتأكيد أكبر بكثير من جرينفيل .

Betsy: Are there movie theatres in Springfield?

بتـسي : هل في سبرنجفيلد قاعات سينما ؟

Grandfather: Yes. There are many downtown.

الجدّ : نعم . هناك الكثير في وسط المدينة .

Bobby: Is there a sports stadium too?

بابي : هل هناك ملعب للرياضة كذلك ؟

Grandfather: Yes. Maybe we can go to a baseball game this weekend.

الجد : نعم ، ولعلّنا نذهب لمشاهدة مباراة في كرة العصا في عطلة نهاية هذا الاسبوع .

Betsy: There certainly are more stores here in Springfield than at home.

بتسي : لا شك ان سبرنجفيلد فيها دكاكين اكثر مما عندنا .

Grandfather: Yes. I am sure your mother plans to do a lot of shopping here.

الجد : أنا متأكد أن أمك تنوي شراء أشياء كثيرة من هنا .

Bobby: The zoo is bigger than the one we have at home.

بابي : حديقة الحيوانات هنا أكبر من حديقة الحيوانات التي في مدينتنا .

Betsy: Can we visit it?

بتسي : هل نستطيع أن نزورها ؟

Grandfather: Of course. You have time to go to all these places.

الجد : طبعا ، وقتكم يسمح لكم بالذهاب إلى كل هذه الأماكن .

الدرس التاسع عشر

Dialogue	حوار
A: How do I get to the pharmacy?	كيف أذهب إلى الصيدلية ؟
B: Walk three blocks to the traffic light and turn left.	اقطع ٣ شوارع وعند إشارة المرور لف على اليسار .
The pharmacy is next to the barbershop.	الصيدلية بجانب دكان الحلاق .
A: I will find it. Thank you.	سأجدها . شكرا .

Repetition Drill	تمرين للاعادة
Mr. Wilson Gets Sick.	السيد ولسن مريض .
A. 1. The following morning the family was having breakfast.	في صباح اليوم التالي كانت العائلة تتناول طعام الفطور .
2. Mr. Wilson wasn't there.	لم يكن السيد ولسن هناك .
3. He came to the breakfast table late.	جاء الى طاولة الطعام متأخرا .

**Mr. Wilson: I'm sorry
I'm late**

السيد ولسن : آسف أنا متأخر .

**I don't feel well this
morning.**

لا أشعر ان صحتي جيدة هذا الصباح .

**Mrs. Johnson: What's
the matter?**

السيدة جانسن : ما بك ؟

Didn't you sleep well?

ألم تنم جيدا ؟

**Mr. Wilson: No I didn't
sleep well.**

لا . لم أنم جيدا .

**I have a fever, a
headache and a terrible
sore throat.**

عندي حمّى وصداع وألم شديد في حلقي .

**Mrs. Johnson: A cold is
going to ruin your vaca-
tion with us.**

السيدة جانسن : البرد سيفسد عليك عطلتك
معنا .

**I'm going to make an
appointment with Dr.
Adams.**

سآخذ موعدا مع الدكتور آدمز .

**I'm sure he can see you
today.**

انا متأكدة انه يستطيع ان يراك اليوم .

A Visit to the Doctor

زيارة الى الطبيب

**Mrs. Johnson: Hello. Is
this Doctor Adam's
office?**

السيدة جانسن : مرحبا . هل هذا مكتب
الدكتور آدمز ؟

Nurse: Yes it is.	الممرضة : نعم .
This is Miss Jones speaking.	أنا الآنسة جونز .
What can I do for you?	أي خدمة ؟
Mrs. Johnson: This is Mrs. Johnson.	السيدة جانسن : أنا السيدة جانسن .
I would like to make an appointment with Dr. Adams.	اريد ان احدد موعدا مع الدكتور آدمز .
Nurse: When can you come?	الممرضة : متى يُمكنك الحضور ؟
Mrs. Johnson: Oh no. The appointment isn't for me.	السيدة جانسن : الموعد ليس لي أنا .
It is for Mr. Wilson, my son-in-law.	هو للسيد ولسن ، زوج ابنتي .
Please tell Dr. Adams it is urgent.	من فضلك أخبري الدكتور آدمز ان الأمر مستعجل .
1. The nurse talked with Dr. Adams.	تحدثت الممرضة إلى الدكتور آدمز .
2. Then she returned to the telephone.	ثم عادت إلى التلفون .
Nurse: Hello Mrs. Johnson.	الممرضة ، آلو ، يا سيدة جانسن .
The doctor can see Mr. Wilson this afternoon at two.	يستطيع الطبيب ان يرى السيد ولسن اليوم ، في الساعة ٢ بعد الظهر .

Is that convenient for him?	هل هذا الوقت مناسب له ؟
Mrs. Johnson: Yes, that will be fine.	السيدة جانسن : نعم ، هذا مناسب .
Nurse: We will see him then.	الممرضة : سوف نراه عندئذ .
Mrs. Johnson: Thank you. Goodbye.	السيدة جانسن : شكرا ، مع السلامة .
B. How to Get to the Doctor's Office	كيف الوصول الى مكتب الطبيب ؟
1. The Johnsons and the Wilsons are in the dining room.	عائلة جانسن وعائلة ولسن في غرفة الطعام .
2. They are having lunch.	يتناولون الغداء .
3. It is twelve-thirty.	الساعة الآن الثانية عشرة والنصف .
4. Mrs. Johnson reminds Mr. Wilson about his appointment with the doctor.	تذكّر السيدة جانسن السيد ولسن بموعده مع الطبيب .
Mrs. Johnson: Don't forget your appointment with the doctor at two o'clock.	السيدة جانسن : لا تنسَ موعدك مع الطبيب في الساعة الثانية .
We are going to cancel our trip to the zoo.	سنلغي رحلتنا إلى حديقة الحيوانات .
You can go to the doctor's office.	تستطيع ان تذهب إلى مكتب الطبيب .
Mr. Wilson: Oh no. The children will be disappointed.	السيد ولسن : لا ، سيشعر الأطفال بالخيبة .

I will take the bus.

سآخذ الباص .

I feel better now.

حالتي أحسن الآن .

Mrs. Johnson: The doctor's office is not far from here.

السيدة جانسن : ليس مكتب الطبيب بعيدا من هنا .

It is at 2730 Oak St.

هو في ٢٧٣٠ شارع أوك .

Take bus 40 on Tenth Avenue.

خذ الباص رقم ٤٠ من شارع عشرة .

Mr. Wilson: Where is the bus stop?

السيد ولسن : أين موقف الباص ؟

Mrs. Johnson: It is two blocks from here on the corner.

السيدة جانسن : هو على بعد شارعين من هنا ، على الزاوية .

الدرس العشرون

Dialogue

حوار

A: How often do buses run on this street?

متى يمر الباص من هذا الشارع ؟

B: Every twenty minutes.

كل ٢٠ دقيقة .

You just missed one.

لقد مرّ باص منذ قليل .

A: What luck!

يا لسوء الحظ !

I'm going to have a long wait then.

اذا ، يجب أن أنتظر مدة طويلة .

Conversation

محادثة

A. Taking a Bus

ركوب الباص

1. Mr. Wilson left home at one o'clock.

غادر السيد ولسن بيته في الساعة الواحدة .

2. He walked to the bus stop.

مشى الى موقف الباص .

3. He waited ten minutes
   for the bus.

انتظر الباص لعشر دقائق .

4. He got on the bus.

ركب الباص .

5. He asked the busdriver
   some questions.

سأل السائق بعض الاسئلة .

Mr. Wilson: Does this
bus go to Oak Street?

السيد ولسن : هل يذهب هذا الباص إلى
شارع اوك ؟

Bus driver: I'm sorry.

السائق ، لا ، آسف .

This route changed last
week.

لقد تغير هذا الخط الاسبوع الماضي .

You can transfer to a 37
at the corner where I
turn.

تستطيع ان تحوّل الى الباص رقم ٣٧ عند
الزاوية حيث ألف .

Mr. Wilson: Thank you.

السيد ولسن : شكرا .

What is the fare?

كم الأجرة ؟

Bus driver: Fifty cents.
Here is your transfer.

السائق : ٥٠ سنتا . هذه تذكرة التحويل .

In the Doctor's Office — في مكتب الطبيب

Mr. Wilson: Good afternoon.	السيد ولسن : مساء الخير .
I am Mr. Wilson.	أنا السيد ولسن .
I have an appointment with the doctor.	عندي موعد مع الطبيب .
Nurse: Yes Mr. Wilson. You are a little early.	الممرضة : أهلا وسهلا يا سيد ولسن . انت مبكّر قليلا .
Your appointment is at two o'clock.	موعدك في الساعة الثانية .
Please sit down and make yourself comfortable.	تفضل اجلس واسترح .
The doctor will see you soon.	سيراك الطبيب قريبا .
Mr. Wilson: Thank you. I'm in no hurry.	السيد ولسن : شكرا ، لست مستعجلا .

B.

1. Mr. Wilson took a magazine and sat down. — تناول السيد ولسن مجلّة وجلس .
2. Twenty minutes later the nurse called his name. — بعد ٢٠ دقيقة نادت الممرضة اسمه .

3. She took him to a little room.	أخذته إلى غرفة صغيرة .
4. The doctor arrived soon and greeted Mr. Wilson.	بعد قليل أقبل الطبيب وحيّى السيد ولسن .
Doctor: Good afternoon Mr. Wilson.	الطبيب : مساء الخير يا سيد ولسن .
How do you feel?	كيف حالك ؟
I understand you have a bad cold.	سمعت ان عندك بردا شديدا .
Mr. Wilson: Yes, but I'm feeling better now.	السيد ولسن : نعم . لكنني أشعر بتحسن الآن .
This morning I felt terrible.	هذا الصباح كنت في حالة سيئة .
Doctor: You should take care of yourself.	الطبيب : يجب ان تعتني بصحتك .
Let me take your blood pressure.	دعني آخذ ضغط دمك .
I want to examine your throat, too.	أريد ان أفحص حلقك كذلك .
Open your mouth and say "Ah".	افتح فمك وقل «آه» .
Oh yes, you have a slight throat infection.	نعم ، عندك التهاب طفيف في الحلق .
Mr. Wilson: Will it go away soon?	السيد ولسن : هل سيزول قريبا ؟
Doctor: Yes, of course.	الطبيب : نعم ، بالطبع .

Are you allergic to antibiotics?	هل عندك حساسية للمضادّات الحيو ية ؟
Mr. Wilson: No, I'm not.	السيد ولسن : لا .
Doctor: I am going to give you an injection.	الطبيب : سوف أعطيك حقنة .
Fill this prescription too.	اشترِ هذه الأدو ية كذلك .
1. **Mr. Wilson took his medicine.**	أخذ السيد ولسن دواءه .
2. **He was much better the next day.**	كانت صحته أحسن بكثير في اليوم التالي .
3. **The family had a wonderful vacation in Springfield.**	كانت عطلة العائلة رائعة في سبرنجفيلد .

ملخص لقواعد اللغة الانجليزية

أدوات التعريف والنكرة

أداة النكرة : الكلمتان a و an هما أداتا النكرة في اللغة الانجليزية . تستعمل أداة النكرة عادة أمام الكلمات المفردة الغير معرفة . ويجري استعمال a أو an حسب الحرف الأول في الكلمة التالية لأداة النكرة .

تستعمل a أمام الكلمات المفردة التي تبدأ بحرف ساكن (consonant) مثل :

a man	رجل
a teacher	معلم
a star	نجمة

تستعمل an أمام الكلمات المفردة التي تبدأ بحرف علة (vowel) مثل :

an object	شيء
an easy lesson	درس سهل
an apple	تفاحة

وعلى الطالب ان يتنبّه إلى ضرورة استعمال أداة النكرة (التي ليس لها رديف في اللغة العربية الفصحى) أمام الكلمات المفردة :

I have a pencil.	عندي قلم

أداة التعريف :

أداة التعريف في اللغة الانجليزية هي the . وتستعمل هذه الكلمة أمام الكلمات المفردة والجمع لتعريفها مثل :

the house	البيت
the houses	البيوت
the book	الكتاب
the books	الكتب

جمع الأسماء

تجمع الأسماء في اللغة الانجليزية باضافة حرف s أو es إلى اواخرها مثل :

potato	حبّة بطاطا
potatoes	بطاطا
book	كتاب
books	كتب
match	عود كبريت
matches	أعواد كبريت

ملاحظات :

١) عندما تنتهي الكلمة بحرف y يسبقه حرف ساكن ، تجمع الكلمة بتحويل حرف y إلى i ثم يضاف إليها es

حفلة ــ حفلات	party - parties
عائلة ــ عائلات	family - families
سرّ ــ أسرار	mystery - mysteries

٢) عندما تنتهي الكلمة بحرف y يسبقه حرف علّة ، تجمع الكلمات باضافة s في نهايتها دون ان يتغير الحرف y :

يوم ــ أيام	day - days
راعي بقر ــ رعاة بقر	cowboy - cowboys
لعبة ــ لعب	toy - toys

جمع التكسير : لبعض الكلمات في اللغة الانجليزية جمع تكسير :

رجل ــ رجال	man - men
امرأة ــ نساء	woman - women
طفل ــ أطفال	child - children

الضمائر :

الضمائر المنفصلة (ضمائر الفاعل) في الانجليزية هي :

المتكلم المفرد	أنا	I*
المخاطب المفرد	انتَ / انتِ	you
الغائب المفرد	هو	he
	هي	she
	هو / هي لغير العاقل	it
المتكلم الجمع	نحن	we
المخاطب المثنى والجمع	أنتما / أنتم / أنتنّ	you
الغائب المثنى والجمع	هما / هم / هنّ	they

● يكتب الضمير I (أنا) دائما بحرف كبير في اللغة الانجليزية ، ويلاحظ ان الضمير they يستعمل للاشارة إلى مثنى وجمع ضمائر العاقل وغير العاقل .

يستعمل الضمير it في تراكيب خاصة مثل :

من المستحيل   It is impossible.

في اللغة الانجليزية لا يمكن حذف الضمير المنفصل كما هو الحال في العربية ، فبينا تستطيع حذف الضمير المنفصل (نحن) من الجملة العربية (نحن ندرس الانجليزية) لا نستطيع حذف الضمير المرادف we من الجملة الانجليزية We Study English (ندرس الانجليزية) .

الضمائر المتصلة (ضمائر المفعول)
ضمائر المفعول بالانجليزية هي :

Singular	المفرد	**Plural**	الجمع
me	ي/ني		
you	ك		
him	ـه	us	ـ نا
her	ـها	you	ـ كما/ـكم/ـكنّ
it	ـه/ـها لغير العاقل	them	ـهما/ـهم/ـهنّ

و يلاحظ انه ليس هناك في اللغة الانجليزية تمييز بين المثنى المذكر والمؤنث في ضمائر المفرد للمخاطب وضمائر المثنى والجمع للمخاطب والغائب .

و يلاحظ كذلك ان الضمير **them** يستعمل للاشارة إلى جمع العاقل وغير العاقل .

We saw them. (the books) رأيناها (الكتب)

We saw them. (the women) رأيناهن (النساء)

We saw them. (the men) رأيناهم (الرجال)

وتستعمل هذه الضمائر كذلك بعد حروف الجرّ (prepositions)

This is for me. هذا لي — This is for him. هذا له

This is for us. هذا لنا

ضمائر الملكية

Singular	المفرد	**Plural**	الجمع
my	ـي		
your	ـك	our	ـنا
his	ـه	your	ـكما/ـكم/ـكنّ
her	ـها	their	ـهما/ـهم/ـهنّ
its	ـه/لغير العاقل		

My son is a doctor. ولدي طبيب — This is our house. هذا بيتنا

My sons are doctors. أولادي أطباء — These are our houses. هذه بيوتنا

الضمائر المنعكسة (التي تعود على الفاعل)

Singular	المفرد	**Plural**	الجمع
myself	نفسي		
yourself	نفسك	ourselves	انفسنا
himself	نفسه	yourselves	نفساكم / انفسكم / ـكنّ
herself	نفسها	themselves	نفساهما / انفسهم / ـهنّ
itself	نفسه/نفسها لغير العاقل		

تأتي هذه الضمائر المنعكسة بعد الفعل

I wash myself. أغتسل/أغسل نفسي

The boys wash themselves. الأولاد يغتسلون/يغسلون أنفسهم

هناك مجموعة من الأفعال العربية (الأفعال المنعكسة او التي يعود فيها العمل على الفاعل) ليس ما يقابلها في الانجليزية من افعال منعكسا (اي لا تستعمل فيها ضمائر الانعكاس) :

I regain. أستعيد — I get up. أستيقظ

التذكير والتأنيث :

هناك ثلاث حالات لتحديد الجنس في اللغة الانجليزية : المذكّر he, him (هو) والمؤنث she, her (هي) وغير العاقل it (هو ، هي) ، مثلا :

غير العاقل		المؤنث		المذكّر	
هو/هي	it	هي	she	هو	he
الصف	the classroom	امرأة	woman	رجل	man
الشباك	the window	السيدة	Mrs.	السيّد	Mr.
البناء	the building	بنت	girl	ولد	boy
الطاولة	the table	أم	mother	أب	father

الصفات :

النعت لا يتبع المنعوت من حيث العدد والتذكير والتأنيث في اللغة الانجليزية كما هي الحال في اللغة العربية .

البيت الأبيض	the white house
البيوت البيضاء	the white houses
الرجل الطيب	the kind man
المرأة الطيبة	the kind woman

موقع الصفات :

عادة يسبق النعت المنعوت في اللغة الانجليزية

the three modern Italian operas

المسرحيات الغنائية الايطالية الحديثة الثلاث .

أسماء الاشارة :

اسماء الاشارة في اللغة الانجليزية هي :

هذا ، هذه	this
هؤلاء ، (وهذه لغير العاقل)	these
ذلك . تلك	that
أولئك (وتلك لغير العاقل)	those

توافق أسماء الاشارة ما يليها من اسماء من حيث العدد .

الفعل المضارع :

يتكون الفعل المضارع البسيط في اللغة الانجليزية من الصيغة الأصلية للفعل (وهي الصيغة التي يعرض بها الفعل في القاموس : talk, drink, eat) . يضاف حرف s إلى الفعل عند تصريفه مع ضمائر المفرد الغائب he sits, she talks, he watches وفي حالة الأفعال التي تنتهي بحرف y مسبوقا بحرف ساكن ، يتحول حرف y إلى i و يضاف إليه es

carry	carries
study	studies

يصرف فعل الكينونة be في الحاضر تصريفا شاذا

I am	we are
you are	you are
he, she, it is	they are

كما ان الفعل have يصرّف تصريفا شاذًا في المفرد الغائب he has

الادغام :

في حين ان الادغام يستعمل بقلة في اللغة العربية (ألا ، عمّ ، ممّ ..) فانه شائع الاستعمال في الانجليزية وهو نوعان أساسيان : ١) ادغام الفعل مع الفاعل و٢) ادغام الفعل مع اداة النفي .

١) ادغام الفعل مع الفاعل :

I am	I'm	we are	we're
you are	you're	you are	you're
he is	he's	they are	they're
she is	she's		
it is	it's		

I will	I'll	we will	we'll
you will	you'll	you will	you'll
he will	he'll	they will	they'll
she will	she'll		
it will	it'll		

وفي حالة will فهو فعل مساعد يدلّ على المستقبل .

٢) ادغام الفعل مع اداة النفي not :

I do not	don't	we do not	don't
you do not	don't	you do not	don't
he, she, it does not	doesn't	they do not	don't

و يستعمل الفعل do كفعل مساعد في حالتي الاستفهام والنفي :

You work   Do you work?   You don't work

لا يمكن ادغام الفعل am مع اداة النفي not

I am not

تتحول will not في حالة الادغام إلى won't و have not إلى haven't و has not
إلى hasn't و cannot إلى can't :

ترتيب الكلمات في حالتي الاثبات (affirmative) والاستفهام (interrogative)

حالة الاثبات : يختلف ترتيب الكلمات في الجملة الانجليزية عنه في الجملة العربية . ففي حالة
الاثبات يكون ترتيب الكلمات في الجملة الانجليزية كالتالي : ١) الفاعل (subject) ،
٢) الفعل (verb) ، ٣) بقية الجملة (complement) :

The boy has a book   يملك الولد كتابا

حالة الاستفهام : في هذه الحالة يقع الفعل قبل الفاعل وتضاف علامة الاستفهام ؟ في آخر
الجملة :

فعل الكينونة :

John is here.   Is John here?

الأفعال الأخرى :

يستعمل الفعل المساعد do لتكوين جملة الاستفهام في الزمن الحاضر و did في الزمن الماضي ،
و shall أو will في المستقبل .

You walk	You walked	You will walk
Do you walk?	Did you walk?	Will you walk?

ولتكوين السؤال من الجمل التي بها أفعال مساعدة يوضع الفعل المساعد امام الفاعل مباشرة وتضاف
علامة الاستفهام في آخر الجملة .
الافعال المساعدة هي (did, do) ، (could, can) (should, shall) (would, will)
(might, may) (must)، (ought)

He will write	You can write
Will he write?	Can you write?

حالة النفي : لنفي الجملة في الانجليزية تستعمل اداة النفي not التي تقع بعد الفعل او
الفعل المساعد في الجملة و يكون ترتيب الكلمات في الجملة على الشكل التالي :
١) الفاعل ٢) الفعل المساعد ٣) اداة النفي not ٤) الفعل الأصلي (المضارع غير
مصرف) ٥) بقية الجملة :

He is my son   هو ابني

He is not/isn't my son   ليس ابني

She eats an apple	تأكل تفاحة
She does not/doesn't eat an apple	لا تأكل تفاحة

ولنفي جملة الفعل الماضي يستعمل الفعل المساعد did متبوعا بأداة النفي not ثم الفعل المضارع (غير مصرف) :

You came to school	حضرت الى المدرسة
You didn't come to school	لم تحضر الى المدرسة

السؤال المنفي : يتكون السؤال المنفي بوضع الفعل المساعد متبوعا بأداة النفي أمام الفاعل في الجملة المثبتة مع ابقاء بقية الجملة كما هي :

You are here	أنت هنا
Aren't you here?	ألست هنا ؟

They have many books	لهم كتب كثيرة
Don't they have many books?	أليس لهم كتب كثيرة ؟

التركيب : there are, there is : هناك

ان التركيب there are, there is يعني بالعربية (هناك) بمعنى (يوجد) :

هناك كتاب على الطاولة

هناك كتب على الطاولة

ويمكن ادغام there + is على الشكل التالي : there's

الأسماء المعدودة والأسماء الغير معدودة :

الأسماء في الانجليزية تنقسم الى قسمين : معدودة وغير معدودة .

الأسماء المعدودة هي التي يمكن عدّها مثل :

book	كتب
boys	أولاد

والاسماء الغير معدودة هي التي لا يمكن عدّها عادة مثل :

milk	حليب
water	ماء
coffee	قهوة
meat	لحم

ولكن يمكن قياسها باستعمال وحدات قياس أخرى مثل :

a bottle of milk	زجاجة حليب
a glass of water	كأس ماء
a cup of coffee	فنجان قهوة
a kilogram of meat	كيلو لحم

لا تستعمل اداة النكرة an, a مع الاسماء الغير معدودة ، بينما تستعمل الكلمات التالية much (كثير) ، a lot of (كثير) و some (بعض) مع هذه الاسماء .

تعتبر some (بعض) و any (بعض ، في الجملة المنفية) بمثابة جمع أداة النكرة an, a وهما عادة لا تترجمان الى العربية .

وتستعمل some أمام الاسماء غير المعدودة ، وكذلك أمام الاسماء المعدودة اذا كانت هذه في حالة الجمع :

I want some sugar	اريد سكرا
I want some books	اريد بعض الكتب

وهي لا تستعمل في الجملة المنفية ، وفي جملة الاستفهام المثبتة (affirmative interrogative) حيث تستعمل any في مكانها ، وتقع any امام الاسماء المعدودة وغير المعدودة على حد السواء :

Do you have any bread?	هل عندك خبز ؟
I don't have any books	ليس عندي كتب .

وبينما لا يمكن حذف أداة النكرة an, a من أمام الأسماء المعدودة ، فانه يمكن حذف some و any :

Do you need any rice? — هل أنت بحاجة إلى رز؟
Do you need rice?

جمع أسماء العائلات :

تجمع اسماء العائلات في الانجليزية عندما تشير الى العائلة كلها وذلك باضافة s إلى آخر الاسم :

the Wilsons	عائلة ولسن
the Drakes	عائلة دريك
the Smiths	عائلة سميث

الظروف (adverbs) التي تنتهي بـ -ly

كثيرا ما يكوّن الظرف في الانجليزية باضافة -ly إلى آخر النعت (adjective) و يقابله في العربية شبه الجملة المكونة من حرف الجرّ (بـ) والاسم المشتق من النعت :

quick - quickly	سريع ، بسرعة
calm - calmly	هادىء ، بهدوء
precise - precisely	دقيق ، بدقة

ظروف التكرار :

توجد في اللغة الانكليزية بعض الظروف التي تدل على تكرّر حدوث الفعل مثل : usually (عادة) ، و often (غالبا) و sometimes (أحيانا) و always (دائما) و never (أبدا) .

وفي حالة فعل الكينونة be تأتي هذه الظروف عادة بعد الفعل

انا دائما متعب	I'm always tired
هو عادة مشغول	He is usually busy

ومع الأفعال العادية تأتي هذه الظروف عادة قبل الفعل :

يدخن السيد ولسن	Mr. Wilson often smokes
غالبا سجاير فرنسية	French cigarettes

وفي الجمل التي فيها أفعال مساعدة يقع الظرف بين الفعل المساعد والفعل الأصلي في الجملة :

أنا عادة لا اغني	I don't usually sing

الفعل الماضي :

يتكوّن الفعل الماضي في اللغة الانجليزية باضافة ed- إلى آخر الفعل المضارع أو d- اذا كان الفعل في المضارع ينتهي بـ e-

يتكلم ـــ تكلم	he talks - he talked
نمشي ـــ مشينا	we walk - we walked
اعيش ـــ عشت	I live - I lived
يحبّون ـــ أحبوا	they love - they loved

واذا كان الفعل في المضارع ينتهي بالحرف y- مسبوقا بحرف ساكن (consonant) يتحول الحرف y- (واي) إلى i- (آي) قبل اضافة الحرفين ed- (إد) اليه :

حمل	carry	carried
درس	study	studied

فعل الكينونة في الماضي :

يجري تصريف فعل الكينونة في الماضي على النحو التالي :

I was	we were
you were	you were
he, she, it was	they were

وفي اللغة الانجليزية هناك الكثير من الأفعال الشاذة التي لا تتبع القاعدة عند تحويلها الى الماضي ، وفيما يلي بعض هذه الأفعال :

begin - began	get - got	sit - sat
bring - brought	go - went	sell - sold
buy - bought	hear - heard	speak - spoke
come - came	know - knew	sweep - swept
drive - drove	leave - left	think - thought
eat - ate	meet - met	take - took
feel - felt	say - said	write - wrote
find - found	see - saw	wear - wore

الفعل في المستقبل :

يمكن تكوين صيغة المستقبل كما يلي :

١) الفعل الأصلي + be going to :

I'm going to visit Paris next week	سوف أزور باريس الاسبوع القادم
It is going to rain tomorrow.	سوف تمطر غدا

٢) الفعل الأصلي + will/shall :

I will visit Paris next week	سوف أزور باريس الاسبوع القادم
It will rain tomorrow.	سوف تمطر غدا

المصدر :

يتكون المصدر باضافة -ing إلى الفعل المضارع :

eat-eating	أكل ــ أكل
start - starting	بدأ ــ بداية
read - reading	قرأ ــ قراءة

واذا انتهى الفعل المضارع بـ -e يجري اسقاطها قبل اضافة -ing

take - taking
drive - driving
shine - shining

واذا كان الفعل المضارع مكوّنا من مقطع واحد و ينتهي بحرف ساكن (consonant) مسبوق بحرف علّة (vowel) يضاعف الحرف الأخير قبل اضافة -ing

plan - planning
sit - sitting

المضارع المستمر :

يتكون الفعل المضارع المستمر من فعل الكينونة be + الفعل الأصلي في الجملة + -ing

We are eating.	نحن نأكل
Joe is writing a letter.	جو يكتب رسالة

وتستعمل هذه الصيغة للدلالة على حدث جاري الوقوع او سيتم وقوعه في المستقبل القريب :

هم يأكلون الآن	They are eating right now
سأذهب الى المتحف غدا	I'm going to the museum tomorrow

صيغة الأمر :

تكوّن صيغة الأمر ، في المفرد والجمع ـ باستعمال الفعل المضارع مصرفا مع ضمير المفرد المخاطب ، ولا يستعمل معه ضمير الفاعل (اي الضمير المنفصل) ولا يتغيّر شكل الفعل في اللغة الانجليزية مع الضمائر المختلفة على الاطلاق :

كلّمني (كلّميني ، كلّماني ، كلّموني ، كلّمنني) غدا	Call me tomorrow.
اقرأ (اقرئي ... الخ) هذه الجريدة	Read this newspaper.
ادرس (ادرسي ... الخ) هذه الصفحات	Study these pages.

الافعال المركبة من كلمتين :

في اللغة الانكليزية هناك العديد من الافعال التي تتكون من كلمتين ـ فعل وحرف جرّ ـ فما معنى واحد يختلف عادة عن معنى الفعل بمفرده :

خرج	come out
لبس	put on
جلس	sit down
نهض	get up

الفعل المساعد :

can فعل مساعد يستعمل مع الفعل المضارع للدلالة على قدرة الفاعل على القيام بالفعل :

تستطيع ان تعمله	You can do it.
استطيع ان اكتبه	I can write it.
يستطيع ان يغنّيها	He can sing it.
يستطيعون ان يقولوها	They can say it.

ولا يتغير شكل الفعل المساعد can مع الضمائر المختلفة . و يقع في نفس موقع الفعل المساعد do في الجملة :

هل تستطيع ان تتكلم الانجليزية ؟	Can you speak English?
هل تتكلم الانجليزية ؟	Do you speak English?
لا أستطيع ان أراه .	I can't see him.
لا أراه .	I don't see him.

Can't Jerry understand the question?	ألا يستطيع جاري ان يفهم السؤال ؟
Doesn't Jerry understand the question?	ألا يفهم جاري السؤال ؟

صيغة الملكية في الاسماء :

١) تتكون صيغة الملكية في الأسماء باضافة 's إلى الاسم المفرد او الاسم الجمع الذي لا ينتهي بـ s :

the boy's coat	معطف الولد
Mr. Wilson's house	بيت السيد ولسن
the children's toys	لعب الأطفال

٢) وتتكون صيغة الملكية في الأسماء باضافة 's كذلك إلى الاسم المفرد الذي ينتهي بـ s :

James's car	سيارة جايمز

٣) وتتكون صيغة الملكية مع الاسماء الجمع التي تنتهي بحرف s باضافة ' إلى الاسم و يضاف اليه بعد ذلك الاسم المملوك :

the girls' father	أبو البنات
the doctors' office	مكتب الأطباء

Breinigsville, PA USA
30 September 2009

225004BV00001B/16/A

9 780884 327400